旧街道紀行

歩いて学ぶ歴史と文化

八尋章文

「旧街道」ウォーキング・マップ

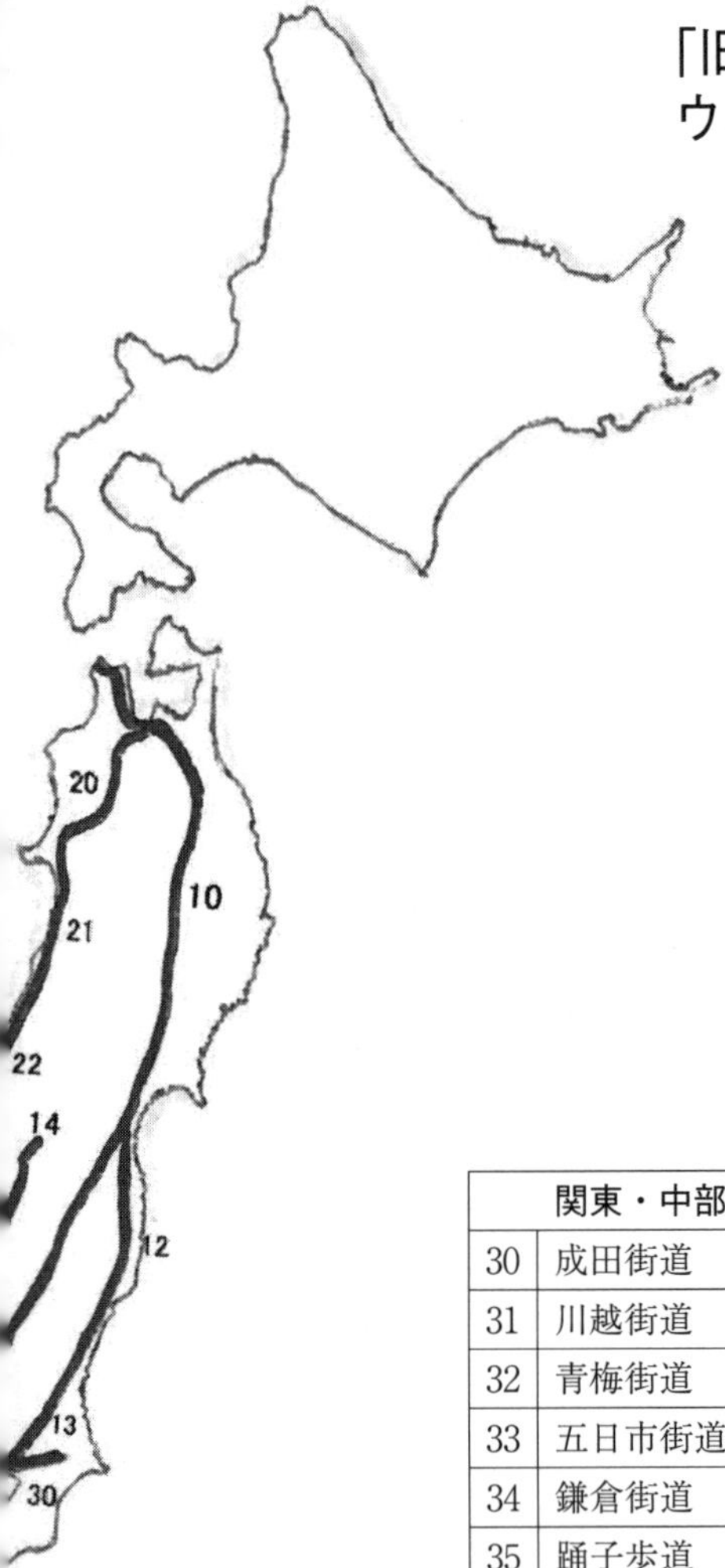

関東・中部	
30	成田街道
31	川越街道
32	青梅街道
33	五日市街道
34	鎌倉街道
35	踊子歩道
36	富士裾野一周
37	中山道
38	甲州街道
39	東海道

東北・北陸	
10	奥州街道
11	日光街道
12	陸前浜街道
13	水戸街道
14	米沢街道
15	会津西街道
20	羽州街道
21	羽州浜街道
22	出羽街道浜通り
23	北国街道（続）
24	北国街道
25	北陸道

四国・九州	
70	讃岐街道
71	土佐街道
72	中村街道
73	宿毛街道
74	宇和島街道
75	大洲街道
76	今治街道
80	長崎街道
81	日向街道
82	薩摩街道

近畿・中国	
50	丹後街道
51	若狭九里半街道
52	鞍馬街道
53	比叡山を巡る
54	京街道
55	西国街道
56	伊勢街道
57	熊野古道
58	奈良街道
59	柳生街道
60	高野山を巡る
61	山陰道
62	山陽道
63	萩城下を歩く

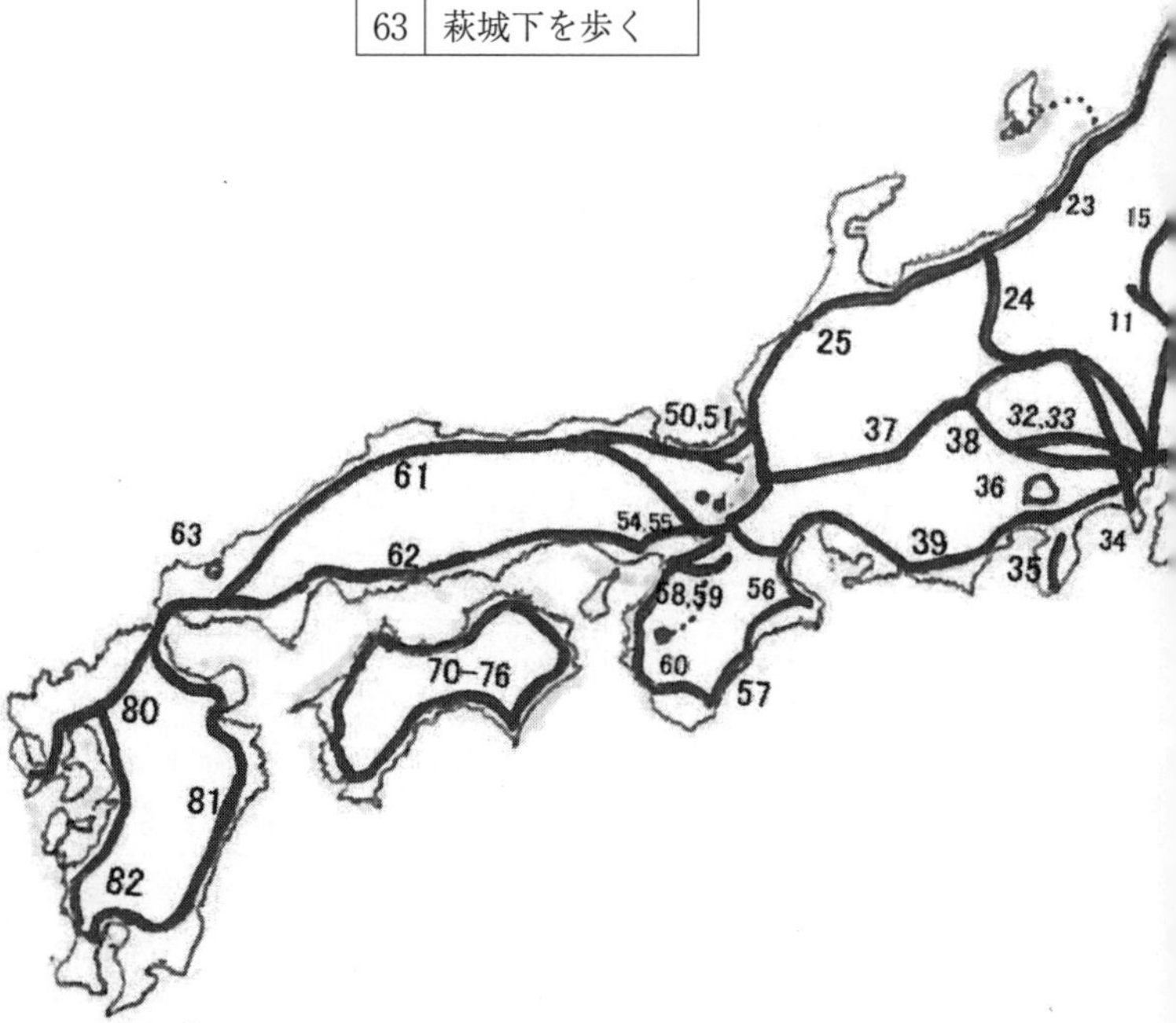

街道詳細

No	街道	Km	起点	終点	日数	期間（すべて平成）
10	奥州街道	836	宇都宮	三厩～龍飛崎	33	15.9/19～11/29、16.12/1 ～ 3、18.5/25 ～ 10/18
11	日光街道	144	東京（日本橋）	宇都宮～東照宮	10	15.7/4～9/10
12	陸前浜街道	299	水戸	宮城県（岩沼）	10	22.3/27～5/12
13	水戸街道	104	葛飾区（新宿）	水戸	4	16.8/21～9/13
14	米沢街道	82	会津若松	米沢	3	22.10/18～21
15	会津西街道	138	今市	会津若松	6	22.10/1～10/8
20	羽州街道	249	秋田	油川（青森県）	9	25.6/11～29
21	羽州浜街道	199	鼠ヶ関	秋田	8	24.10/4～25.5/16
22	出羽街道浜通り	134	新潟（沼垂）	鼠が崎	8	24.6/22～10/4
23	北国街道（続）	69	出雲崎	新潟	2	20.9/9～9/10
24	北国街道	225	信濃追分	出雲崎	10	20.5/26～7/4
25	北陸道	453	高田	鳥居本	15	20.9/27～21.4/8
30	成田街道	68	千住	成田（新勝寺）	3	16.3/27～4/6
31	川越街道	33	板橋	川越城下	2	21.3/12～3/18
32	青梅街道	167	新宿追分	甲府（酒折）	6	21.9/2～9/19
33	五日市街道	49	高円寺	五日市	2	21.9/24～10/24
34	鎌倉街道	158	鎌倉	高崎	7	16.1/28～3/10
35	踊子歩道	42	湯ヶ島	下田	2	16.5/24～25
36	富士裾野一周	160	富士山駅	富士山駅	6	25.9/13～11/1
37	中山道	516	東京（日本橋）	草津	24	14.7/23～11/29、15.4/26～5/28
38	甲州街道	210	東京（日本橋）	下諏訪	9	14.4/1～21
39	東海道	492	東京（日本橋）	京都（三条大橋）	22	14.12/16～15.3/6

（注）距離は地図（マップメジャー）から求めたものもある

No	街道	Km	起点	終点	日数	期間(すべて平成)
50	丹後街道	346	今庄	鳥取県(岩美)	15	24.4/15〜10/21
51	若狭九里半街道	33	新平野	近江今津	1	24.5/20〜21
52	鞍馬街道	—	鞍馬駅	奥の院	—	21.5.24
53	比叡山を巡る	—	日吉大社	延暦寺	1	24.5.21
54	京街道	47	大津追分	大阪(高麗橋)	3	15.3/25〜27
55	西国街道	57	京都(東寺)	西宮(神社)	3	18.11/25〜27
56	伊勢街道	79	四日市(日永追分)	伊勢神宮	4	15.12/22〜25
57	熊野古道	466	伊勢(田丸)	大阪(天満橋)	22	16.4/16〜11/5
58	奈良街道	36	大阪(高麗橋)	奈良	2	15.2/4〜5
59	柳生街道	26	奈良	柳生の里	1	15.2.6
60	高野山を巡る	—	極楽橋	弘法大師廟	1	22.4/8〜9
61	山陰道	714	京都(丹波口)	山口(小郡)	27	21.10/11〜11/1、 22.6/7〜11/22
62	山陽道	590	西宮	下関〜小倉	24	19.3/28〜11/2
63	萩城下を歩く	—	東萩	萩	1	27.3./26
70	讃岐街道	219	西条	徳島	10	23.4/21〜5/18
71	土佐街道	255	徳島	高知	10	24.11/12〜25.2/23
72	中村街道	143	高知	中村	6	25.2/24〜12/2
73	宿毛街道	117	中村	宇和島	4	25.12.3、26,4/5〜4/7
74	宇和島街道	55	宇和島	大洲	4	26.4/7〜4/23
75	大洲街道	73	大洲	松山	2	26.4/24〜25
76	今治街道	92	松山	西条	4	23.4/4〜7
80	長崎街道	228	小倉(常盤橋)	長崎(県庁前)	10	20.3/18〜4/11
81	日向街道	546	小倉	鹿児島	20	26.6/6〜27.3./25
82	薩摩街道	395	筑紫野市(山家)	鹿児島	15	21.4/27〜12/4
	(合計)	9,344			391	

旧街道紀行　歩いて学ぶ歴史と文化／目次

はじめに…8

第1章　旧街道を歩いて
美しい日本…12　歴史の重み…13

第2章　街道のしくみ
街道の歴史…16　宿場の機能…17　街道に設けられた施設や工夫…23　街道と河川…36
街道と国境・県境…47　江戸の牢屋敷と刑場跡…52

第3章　美しい日本の木造建築
日本の木造建築…60　歴史を語る町並み…66

第4章　石仏・石塔と民間信仰
石仏について…82　石塔について…85　石仏・石塔と民間信仰…90
巡礼や修験を伴う民間信仰…98　街道の神社と寺院…104

第5章　歴史に残る戦い
源平の戦い…107　戦国時代の雌雄を決した戦い…111　幕末の外国勢との戦い…119
明治維新と内戦…125

第6章　明治維新の原動力となったエネルギー
長崎街道…137　山陽道…144　薩摩街道…150

第7章　キリシタン禁教令と弾圧
キリスト教の伝来と布教…156　キリシタン禁教令・弾圧…159

第8章　日向神話と神武天皇の東遷
日向神話と神武天皇…164　日本神話について…167　出雲大社と出雲神話…171
日本海軍発祥之地〝美々津〟…174

第9章　天変地異
江戸時代の大飢饉…176　記録に残る大地震…184　火山噴火・台風・雪代…189

第10章　太平洋戦争の爪痕
国家総動員法…195　広島・長崎に投下された原子爆弾…197　終戦前後…201

第11章　著名人物の足跡・遺徳
蝦夷を平定した坂上田村麻呂…207　弘法大師の遺徳…210　多くの伝説を残した源義経…215
越後国府へ流罪となった親鸞…221　佐渡へ流罪となった日蓮…223

おわりに…226

参考資料…233

はじめに

定年を機に、気力・体力が残っているうちに日本各地を歩いて地形や風景を楽しみ〝日本の歴史と地理を自分の目と足で確かめよう〟と、昔の旅人が往来した旧街道を歩き始めた。

旧街道を歩くということは都市から郊外へ、そして自然豊かな田園地帯から小さな山村集落を抜けて峠を越えていく。地形によって違いはあるが、これを繰り返しながら各県をよぎってゆく。人が多い都市や町を通るのは全体の一割ぐらいかもしれない。こうして多くの自然に接しながら旧街道を歩いていると豊かな自然に恵まれた日本の美しさを実感する。この緑豊かな美しさこそが、日本の歴史と文化の原点になっているのだと思う。しかも、驚いたことに平野だけでなく山間の狭いところや峠道筋にも水田が作られている。先人たちの知恵と努力の積み重ねによって、これらの灌漑用水システムが作られたのだろう。

昔の人が歩いた道を昔の人のように歩いて伊勢神宮や熊野本宮大社を訪れると、今までと少し違った目で見るようになる。伊勢神宮には祖先神信仰として日本国民の総氏神・天照大御神が祀られており、自然信仰の聖地〝熊野〟には大自然を敬う日本人の心の原点に触れるものがある。いずれも古代から永々とつづく歴史の重みを感じさせてくれる。

街道の歴史をみると、大宝律令の制定によって、日本の統治・支配のため全国が朝廷周辺の畿内と七道に区分され同名の官道が敷かれている。この官道に手紙や荷物を運ぶ伝馬による駅制が導入され、これが後世の街道の原点になっている。その後、徳川家康が〝伝馬定書〟を定め全国共通の街道のしくみが作られた。

かつての宿場町を訪れると、古社・古刹をはじめ茅葺屋根、格子戸造り、重厚な土蔵造りといった美しい日本の木造建築に見とれてしまう。灘、伏見、西条といった日本を代表する酒処もかつての宿場町の一つである。これらは日本の歴史と文化そのものであり、この美しい木造建築には日本の物づくりの原点を思わせるものがある。

また街道筋には古社名刹に限らず、お地蔵さん、馬頭観世音、道祖神、庚申塔、供養塔、等々、石仏・石塔が〝みちしるべ〟のように建っている。この石仏・石塔を対象とした地蔵信仰や道祖神信仰、室町時代から一般人の巡礼が盛んになったという観音信仰、おかげ参りといって伊勢を目指した伊勢参り、大勢の人々が列をなしたという熊野詣、さらには捨身行ともいわれる普陀落信仰といった石仏・石塔と民間信仰にも触れることができた。

また、歴史に残る戦いの多くが旧街道筋で行われている。例えば、山陽道には義経が鵯越えの坂を一気に逆落としをしかけて平家の背後から攻め入ったという一ノ谷古戦場、東海道には今川義元が織田信長の奇襲に遭って戦死した桶狭間の古戦場、といった〝源平の戦い〟や〝戦国時代の雌雄を決した戦い〟をはじめ〝幕末の外国勢との戦い〟〝明治維新と内戦〟等々、多くの古戦場に出会った。

一方、長崎街道や山陽道、薩摩街道を歩くと、幕末～明治維新の原動力となったエネルギーを肌で感じる。とくに外国船の脅威に直面した長州藩士や琉球を通して早くから南方文化や西欧文化に接していた薩摩藩士の、国を憂うエネルギーが明治維新を成し得たのではと思わせるものがある。

こういった日本の歴史の流れの中で見落とすことができないのが、戦国時代から安土桃山時代にかけてキリシタン文化を花咲かしめた大友宗麟や、豊臣秀吉から続く徳川幕府のキリシタン禁教令と弾圧だろう。

日向街道を大分市から南へ下り臼杵湾に来ると、キリシタンとなって明やポルトガルと交易を行っていた戦国の英傑・大友宗麟が築城した臼杵城跡がある。この臼杵城下には西洋文化と東洋文化が交わった国際色豊かな面影が今も残っている。一方、長崎街道を嬉野温泉から大村湾に出ると、大村藩の潜伏キリシタン発覚事件で処刑された者を供養する首塚跡、胴塚跡、等々の痛々しいキリシタン殉教史跡がつづく。

そして日向街道を臼杵湾から南に下ってゆくと、海の交易の拠点として栄えた美々津港がある。この美々津は、その昔、「神武天皇は日本を治めるため美々津から大和へ東遷された」という日向神話と神武天皇東遷の伝説の地として知られている。

また、旧街道には石仏・石塔の他に、農民による一揆や、多くの人馬が餓死したという過去の天変地異のありさまを書き記した碑なども建っている。こういう碑に出会うと、本当にあったのだと再認識させられ、太平洋戦争の爪痕などに出会うととても虚しく、豊かで平和な今の時代の有難さが身に染みてくる。そして著名人物の足跡・遺徳などに出会うと、何か心が和み旅が楽しくなる。

今回歩いた旧街道は、巻頭のウォーキング・マップ、街道詳細に示したように、街道数は41、距離は約９３００キロ、所要日数３９１日、北海道と沖縄を除く45都府県を一応歩いたことになる。

本書では、こうして旧街道を歩いて教えられ、学び、知り得たことの中から、傍点を付した部分について書いたもので、補完する形で筆者の見聞記を本文の＊印部分に追記している。

尚、本文は算用数字をベースにしているので、引用文の数字の多くは算用数字に変えて記載していること、及び、地名の多くは、現地の説明板に記されたものを使っており、その後の合併等による地名変更を反映してないことをご了承願いたい。

第1章　旧街道を歩いて

美しい日本

電車や車の車窓からだと気づかないのかもしれない。初めに甲州街道を歩いたが、大月を過ぎたあたりから南に富士山や南アルプス、北に秩父多摩甲斐や八ヶ岳連峰を背景に、これに連なる山々に囲まれた田園風景がとても美しいと思った。旧街道を歩いていると、春になるときれいに田植えされた苗が青々と育ち、秋になると稲穂が垂れて一面黄金色に変わる。このような、季節とともに変わる田園風景の美しさをあらためて発見した気がする。まさに〝瑞穂の国〟といわれる日本的な美しい風景なのだろう。

昔ながらの旧街道は水が流れるように、地形に応じて緩やかなカーブを描きながら進んでいく。日本は山が多く緑豊かな山間を流れる川がとてもきれいだ。この山々の緑に包まれ、真っ青な空に浮かぶ白い雲、この中を突き抜けていくように街道が通っている。4月末から木曽路を5日間かけて歩いたが、道の両側に山が迫る木曽谷の木々の新緑と桜の淡いピンクが色を添える街道風景がとても美しく、こんなにきれいな景色があるのかと感心したことは、今でも忘れられない。

こうして多くの自然に接しながら歩いていると、日本が豊かな自然に恵まれていることを改めて実感する。歩いているとこの美しい風景に接する時間が長く、自然の美しさが身体に染み込んでくるのかもしれない。

それに加えて、日本の木造建築がとても美しい。神社・仏閣をはじめ、日本の歴史と文化を伝える茅葺の家や格子戸造りの家、あるいは重厚な土蔵造りの建物がかつての宿場町等に数多く残っている。日本の木造建築は住むためだけではなく美しさも加味されている。色々なところに飾りが入っており、その建物の美しさに魅入ってしまう。まさに〝日本のもの造りの原点ここにあり〟という気がする。

歴史の重み

旧街道を歩いていると平野はもちろん、山間の狭いところや峠道のようなところでも、少しでも開けたところがあると必ずといってよいほど水田が作られている。いったいどこから水を引いているのだろう。水田耕作は弥生時代に中国から伝わってきたといわれている。この2千年以上に及ぶ先人たちの知恵と努力の積み重ねによって、今ある灌漑用水システムが完成し、五穀豊穰を祝う田の神の祭りや信仰が生まれ、秋祭りや能楽といった芸能に発展してきたといわれている。コメを主食とする日本にはこうした水田耕作の歴史があるのだと改めて教えられた気がする。

ヨーロッパを旅行したとき、青々とした広大な牧場に赤い農家の屋根がぽつんと見えた。薄茶色のきれいな毛並みの牛がのんびりと牧草を食べて寝そべっている。このヨーロッパ的な田園風景がとても美しいと思った。でも、これは肉を主食とする国々の代表的な田園風景であって、日本には前に述べたように、津々浦々に水田が作られ、季節と共に変わる美しい田園風景が、まさにコメを主食とする日本の代表的田園風景なのだろう。そして、この水田は古代の昔から雨の多い時期には水溜めの治水効果をもたらし、多様な生物の生息環境を生み、豊かな土壌を再生し、今に引き継がれてきているのだと改めてわかった気がする。

昔の人と同じように伊勢街道を歩いて伊勢神宮を訪れた。2千年に及ぶ歴史があり、そして20年毎の遷宮が1300年続いている。この古代から延々と続いてきた歴史が肌に伝わってくる。とくに、ここに漂う荘厳な雰囲気は、日本人としてDNAが共鳴するかのような心の震えを覚えるものがある。これも歴史の重みから感じるものなのだろう。

熊野古道を歩いて3日目にツヅラト峠を越え神仏の国・熊野に入る。さらに7日歩いて17の峠を越えると熊野本宮大社に着くが、この熊野古道には30近い峠が含まれていて、この多くに石畳が敷かれている。物音一つ聞こえない静寂な山中にあって延々と続く苔生した石畳道はとても神秘的だ。この自然信仰の聖地〝熊野〟には、何か大自然を敬う日本人の心の原点に触れるものがあり、日本の歴史を感じさせてくれる。

奥州街道を歩いて本州北端の竜飛岬まで足を延ばすと、山と海に挟まれた狭いところに多くの人が住んでいる。岩場が途切れたところに漁船が繋がれ、山を背に家が建っている。もちろん電車は通っていない。津軽海峡の潮の流れがこの海域に豊かな海の幸をもたらし、これを求めて漁をする人たちが生活しているのだろう。海の幸や山の幸がもたらされるところに人が住み、集落が出来、集落を結ぶ道が出来ていったという歴史の重みというか〝生きていく原点〟を見た気がする。

羽州浜街道を北に向かって歩くと、右手に薄らと冠雪した雄大な鳥海山が見えてくる。鳥海山は標高２､２３６メートル。山形県と秋田県の県境にあって、鳥海山の稜線が北側に延びる緩やかな傾斜地でコメ作りが盛んに行われている。

鳥海山を訪れたとき温水路のことを知った。鳥海山からの伏流水はとても冷たくそのまま田んぼに引くことはできないという。温水棚の堰を何段も落とすことによって空気に触れさせ水の温度を上げて田んぼに流す。この農業用水路を温水路と呼んでいる。このように先人たちの知恵と努力があって現在があるのがわかる。

古代の昔から道を人が往来し、物資や情報が行き交い、お互いに刺激され、その時代の生活や文化が形成されてきた。かつての城下町や宿場町は大きな町や都市に発展し、旧街道の傍には必ずといっていいほど国道や鉄道が走っている。こうして、今の生活や文化は過去の延長線上にあるのを実感する。

第2章　街道のしくみ

街道の歴史

大宝1年（701）の律令制の制定によって一つの国家としての形ができた。そして統治・支配のために全国を〝五畿七道〟に区分し同名の官道が敷かれた。五畿七道の〝五畿〟は都周辺の山城国、大和国、河内国、和泉国、摂津国の5つの国で、〝七道〟は北陸道、東山道、東海道、山陰道、山陽道、南海道、西街道をいっている。

官道とは国家によって整備・管理・維持がなされた道路のことで、中央と地方機関を結ぶ七つの官道を整備し、途中に駅を設けて官道を騎乗で往来する人々に便宜を図ると共に、駅備え付けの伝馬によって手紙や荷物を運ぶ〝駅制〟が導入されたという。これが後世の街道の原点になっている。

戦国時代に入ると、各大名が領地内にそれぞれ独自の宿駅制度として発展させており、全国共通の制度が確立されたのは江戸時代、徳川家康が慶長6年（1601）に定めた〝伝馬定書〟が発せられてからといわれている。

徳川家康は全国支配のため、江戸と各地を結ぶ五街道を整備し、これを道中奉行が管轄。五街道以外を脇往還、脇街道といって幕府の勘定奉行が管轄し、宿場や人馬賃銭、助郷、一里塚、等々を指定・整備したといわれている。伝馬定書では、宿場で用意する伝馬の数、継立ての上下の宿場名、伝馬役負担の代償（土地税等の免除）、伝馬荷物の重量などを定め、また街道の呼称改正も行っている。中仙道は東山道の中筋の道であるから中山道に、海のない国は海道ではなく道中と呼ぶべきとして、甲州道中、日光道中、奥州道中が正式名称となっている。それ以前は〝海道〟の字が使われ、甲州道中も甲州海道が公称だったという。

五街道とは日本橋を基点とする東海道、中山道、甲州道中、日光道中、奥州道中をいい、それ以外の街道を総称して脇往還（脇街道）としている。これらは五街道のように呼称が統一されておらず、地域によって違っていた。例えば、会津西街道は関東側からの呼称で、会津側からは下野街道、南山通りと呼ばれ、薩摩街道は地域によって出水街道、肥後街道、豊前街道、鹿児島街道などと呼ばれていた。

明治維新後の明治9年（1876）に国道、県道、里道が法令化され番号制が導入されている。こうして旧街道の多くは姿を変えてきたが、現在も生活道路として東海道や甲州街道といった主要な街道では道路通称として残っている。

宿場の機能

歌川広重の浮世絵などで有名な東海道五十三次の五十三は宿場の数。東海道は全長約492キロなので宿場は9～10キロ間隔で設けられている。この宿場には〝宿泊施設〟の他に〝人馬の継立〟や〝治安維持〟機能が備えられており、また、狭い土地に多くの人が居住できる工夫もなされている。

▼宿泊施設▲

参勤交代の大名やその重臣が休泊するのが〝本陣・脇本陣〟、一般の武士や庶民が泊まる〝旅籠屋〟、旅人がコメを持参し薪代を払って自分でコメを炊く安い旅籠〝木賃宿〟があった。旅籠屋には遊女や飯盛女など旅人の袖を引く女性もいて、宿場は繁盛していたといわれている。

・参勤交代と宿割帳

西国街道の郡山宿本陣を見学したとき、「宿割帳」のことが書いてあった。説明によると、本陣がつくられた一番の目的は、大名たちの参勤交代がスムーズに行えるようにということで、当初は3千人も4千人もの行列であったため、誰がどこに泊まるかを決めるのは大変だった。参勤交代の時期も夏（今の5月）で、街道筋では多くの迷惑をかけ、経費も膨大になるので簡素化のため、幕府は大名の禄高に応じて連れて歩く人数や馬の数を制限した。しかし、宿割帳をみると約2倍の人数を連れて歩いていたようで、薩摩藩では5百人の定めが千人位に、土佐藩でも5百人近い人数だった。郡山宿では文化・文政時代（2百年ほど前）には百軒以上の旅籠、料理屋、店舗が軒を連ねていて、大名方の宿割り役人と宿場の宿割り役人と本陣の主人とが、宿を決めるための絵図にもとづいて話し合いをして宿屋を決めて宿割帳を作り、お互い間違いのないように当日指図したという。

郡山宿本陣（国史跡）は「椿の本陣」とも呼ばれ一般に公開されている。（茨木市）

・表札

薩摩街道の佐敷宿に「薩摩屋」の立派な〝屋号〟を掲げたお店があった。由緒ありげなので話を伺うと、参勤交代途上の定宿として指定を受けて「薩摩屋」の屋号を名乗り、先々代まで宿屋を家業としていたとのこと。母屋に飾ってあった「薩摩宰相休」の表札を見せてもらったが、藩主が泊まる各地の宿は指定されていて、こういった札を掲げていたとのことだった。

・屋号

加賀屋、鍛冶屋、高島屋、松屋、油屋といった商家などに付けられた称号のこと。江戸時代は原則として士農工商の身分制度により武士以外の者が苗字を名乗ることが認められていなかった。このため日常生活上必要だった商人や大きな農家が、苗字の代わりに屋号を使うようになったという。

▼人馬の継立て▲

宿場には一定数の人馬の常備が義務づけられていて、駕籠や宿継ぎの荷物は宿場で継ぎ代え、次の宿まで輸送する。この継立てを行うのが〝問屋場〟で、側に馬屋や人足の詰所が設けられていた。例えば、東海道では100人100匹、中山道は50人50匹、日光、奥州、甲州、その他の街道は25人25匹の定置が定められ、これを宿構成員が間口の幅や持高に応じて分担拠出する。不足する場合は、近隣の〝助郷〟村々がこれを補充していた。助郷とは、継立てする人馬の基準数で不足する分を周辺の村々から雇い入れる制度のこと。

こういった道中の荷物や人の輸送・飛脚などの継立事務を行うのが宿役人。幕府道中奉行の命を受けた最も重要な宿場の役人で、宿役人には問屋、年寄、その下役人として人足指、馬指、書役などが設けられていた。

▼治安維持▲

大名や重臣が宿場に休泊することから、宿場には城塞の役割が兼ね備えられていた。例えば、宿場の出入口に〝木戸〟や〝宿見附〟を設ける。また、外から宿場の中が見えないように宿場の出入口を〝枡形〟構造にする。そして主君や領主の命令・禁制などを人民に周知する〝高札場〟などを設ける。城下町には防衛の意味から城下の道を幾つも屈曲させた〝二十七曲がり〟や、敵が攻めてきたとき、そのくぼみに隠れ不意をついて攻撃できるような〝のこぎり家並み〟を設けていたところもある。

・木戸

宿場の出入口に設けた門で、夜間は防犯などの目的で閉鎖していた。同じものに〝宿見附〟や堅固な石塁の上に物見櫓を備えた〝構口〟がある。舞阪宿の見附跡（東海道）、松崎宿の構口跡（長崎街道）にこの石塁を見ることができる。

・枡形

外敵が侵入し難いよう、宿場の出入口をクランク型に曲げて外から宿場の中が見えないよう工夫した道のこと。形から〝鍵の手〟ともいわれ、中山道の奈良井宿や妻籠宿をはじめ多くの宿場町で見ることができる。北陸道の今庄宿では〝矩折《かねおり》〟といっている。

・高札場

法度、掟書、犯罪人の罪状などを記した札板が高く掲げられたところで、宿場や村の名主宅前など目立つ場所に設置されていた。殺人や盗み・放火などの犯罪を公示することによって犯罪の解決・抑制などにも役立てていたようで、この高札場は宿役人によって厳重に管理され、幕府や大名の権威を誇示する役目も担っていたといわれている。

＊中山道の大井宿高札場には札板が8枚架かっていて、人馬貫目札には「宿人馬で不足するときは助郷村の人馬を集め、たとえ風雨の日でも遅れないよう送り届けよ」、毒薬札には「毒薬やにせ薬やにせ金の売買を禁止する」、徒党札には「徒党をくんだり強訴したり、言い合せて村から逃げ出ることを禁ず」と書いてある。

・二十七曲がり

東海道の岡崎城下に見られるもので、城下町には防衛の意味から道を屈曲させているところが多くある。東海道の掛川城下や長崎街道の佐賀城下も屈曲している。これは遠見、見通しを防ぎ、弓矢・銃の射撃を不可能にするためといわれている。中山道の野尻宿〝七曲がり〟も、外敵を防ぐ曲がりくねった町並みで知られている。

＊岡崎城下には史跡標示の道標が角々に立っていたので迷わず歩けたが、道標がなければこういった城下町は通り抜けるのに苦労する。江戸時代の安定政権がつづくと防御の意味もなくなってきていた。

・のこぎり家並み

通りに対して家々が斜めに建てられていて、上から見るとのこぎりの歯のように見えることからこの名が付いている。〝矢止め〟と呼ばれる、弓や銃に対する防御であろうといわれている。稲妻型道路ともいわれ、中山道の守山宿や薩摩街道の佐敷宿で見ることができる。

▼多くの人が居住できる工夫▲

宿場町には間口が狭く奥行きが長いうなぎの寝床のような〝妻入り〟の建築様式を多く取り入れ、狭い土地に多くの人が居住できるよう工夫されている。

例えば、妻入りの町並みで有名な新潟県の出雲崎は、町の真ん中に北国街道が一本通っている。そして狭い土地を有効に使うため、道の両側にこのような家が軒を連ねている。宿場町に〝妻入り〟の家が多く見られるのは、多くの人が居住できるようにするため、間口の広さで税金が掛けられたからといわれている。また、東海道の藤川宿は〝曲手《かんねんて》〟といって道を曲げることによって街道の長さを増し住む人を多くしたといわれている。

街道に設けられた施設や工夫

徳川家康は「伝馬定書」を定め、江戸と各地を結ぶ街道の要所に、検問や徴税のための関所や番所を設け、河川には川会所を設けている。また、街道には一里塚、松並木、道標を整備し、茶屋、接待所などの施設を設けている。この他、曲尺手《かねんて》、切通し、掘り切り、石畳道といった工夫や知恵が施されている。

▼関所▲

検問や徴税のための施設で、多くは交通の要所である峠や河岸に設置されていた。河岸とは河川や運河、湖、沼の岸に設けられた川船の発着所のこと。

奈良・平安時代は畿内を防御するために重視されていたとのことで、東海道の鈴鹿関（伊勢国）、東山道の不破関（美濃国）、北陸道の愛発関（越前国）が三関として有名。

鎌倉時代以降は朝廷や武家政権、領主、有力寺社などが各々独自に関所を設けて通行税を徴収していたという。金儲けの手段と通行の安全保証に対する礼銭としての両面があったようだ。

織田・豊臣時代には関所が廃止されたが、江戸時代になって軍事・警察上の必要から再び関所が設置されている。通行者は通行手形を提示し、特に江戸から上方へつながる関所では〝入鉄砲出女〟といって大名の妻が江戸から密かに領国へ帰国すること、および江戸への鉄砲の流入を厳しく取り締まっていたといわれている。

関所破りは重罪で磔刑に処せられたが、実際には関所役人も関与した宿場ぐるみの関所破りが常態化していたようで、芸人や力士などは通行手形の代わりに芸や相撲を披露することもあったという。東海道の箱根関・新居関、中山道の福島関・碓氷関が四大関所として有名。

▼番所▲

警備や見張りのために番人が詰めた施設で、通行人や荷物、船舶などの検査や徴税を行っていた。この目的や設置場所によって色んな番所が設けられている。

例えば、江戸の番所は〝町奉行所〟を指しており、城門に設置された〝御門番所〟、辻などに置いた〝辻番所〟、橋のたもとに置かれた〝橋番所〟、木戸に設けた〝木戸番屋〟、宿場町の重要地点や他領や天領との境界の〝口留番所〟や〝境目番所〟、不審船や不審人物を高所から監視する〝遠見番所〟、木曽から移出される木材を取り締るために設けた〝白木改番所〟等がある。

木曽路・馬籠峠の〝一石栃白木改番所〟は、木曽から移出される木材を取り締まるために設けられたもので、檜の小枝に至るまで許可を示す刻印が焼いてあるかどうかを調べるほど厳重だったといわれている。

▼川会所▲

東海道の島田宿は大井川を控えて賑わったという宿場町。この大井川の川越場跡に、次のような「川会所と川越制度」の説明板が立っている。

「江戸時代の初期、慶長6年（1601）に幕府は宿場伝馬の制を定めて東海道五十三次の宿場をおき、江戸城の要害として大井川に渡渉《としょう》制度をしいた。

この渡渉は江戸時代初期においては比較的自由なものであったが、貞享・元禄のころから〝川会所〟を設けて厳しく管理するようになった。川の深浅による渡渉賃銭の取り決めや、公卿や大名をはじめ各種公用人から庶民に至るまでの通行人の渡河順序の割振り、諸荷物等の渡渉配分などの円滑な運営をはかるとともに、規定の渡渉地点以外から越える廻り越しの監視などを厳重に行った。川越人夫は幕末近くまでは島田・金谷両宿とも各360人が定められていて、それらは1番から10番までの10班の組に分けられ、日々の交通量に見合わせて各組の出番を指示した。この川越制度は明治維新まで続けられたが、明治3年5月、民部省からの通達により架橋・渡船の禁止が解かれこの制度は廃止された」(要約)
＊徒渡《かち》りの安全を祈願する大井神社を過ぎると大井川の川越場跡がある。今は、「川越遺跡」として国史跡になっている。ここに、人足が詰めていた番宿、荷崩れを直した荷縄屋、人足が川札をお金に替えた札場、川越しの料金を決めたり川札を売ったりした川会所など、当時の川越施設が復元されている。また、見学案内板には、これら施設の配置図と女性が人足に肩車され、また蓮台に乗って渡っている様子が描かれている。
今は川越場から少し北に離れた大井川橋を渡るが、「箱根八里は馬でも越すが越すに越されぬ大井川」といわれただけに、川幅が広く橋の長さ2キロはありそう。橋を渡り切るのに20分近くかかった。当時ならこの倍はかかったのではないだろうか。大井川は駿河と遠江の国境であったた

め、幕府の防衛措置などにより架橋、通船が禁じられていたようだ。

川札とは、旅人が川越人夫の肩車や蓮台に乗って川を渡るのに必要な札で、川会所で買い、川越人足に手渡して川を渡ったという。人足一人を雇うために札一枚が必要で、担ぎ手4人の蓮台だと札4枚必要。水の深さと川幅を計ってその日の川札の値段を定めていたという。（川札の値段例を「街道と河川」〈徒渡し〉に記載）

▼一里塚▲

道中の目安のため一里（約4キロ）毎に街道の両脇に土が盛られた塚で、大きさは五間（約9メートル）四方、高さ一丈（約3メートル）といわれ、そこにエノキ、ケヤキ、松、モミなどが植えられた。

この一里塚は織田信長の時代に設けられ、徳川家康、秀忠が引き継いで全国の果てから果てまで一里塚を築かせたとのこと。旅人が江戸からの距離を知って、もう一里、もう一里と塚を楽しみに旅を行い、暑いときは一休みする木陰に利用され、雨宿りの場として、また、人夫や馬を借りるときの駄賃を決める基準にもなっていたといわれている。

＊東京では板橋区の中山道（国道17号）沿いに〝志村一里塚〟が残っている。両脇に対の形で残っていて国史跡になっている。また甲州街道の金沢宿手前に〝御射山神戸《みさやまごうど》の一里塚〟がある。樹齢380年、周囲約7メートル、樹高25メートルというケヤキの巨木、塚共に往時のものが保存されている。

また街道によって違った名称が使われているところもある。例えば、九州の薩摩街道では里数木といって一里木、二里木、四国の街道では一里石、二里石、あるいは一里松、二里松と称している。

▼松並木▲

慶長9年（1604）、大久保長安が徳川家康の命を受けて五街道に松並木を整備させたといわれている。街道周辺には、田畑で働く人たちや旅人たちが、夏は暑さを避けるため、冬は風や雪から身を護るため松並木の下に集まり、昼飯を食べたり、ごろりと横になり一休みしたりしたという。

＊東海道には今も往時の松並木が随所に残っている。とくに舞阪、御油、知立の松並木は見事で歩いていても気持ちがいい。この東海道の松並木は今から400年前に諸街道の改修のときに植えられたもので、幕府や領主により保護され、150年前頃からは厳しい管理のもとに、立枯れしたものは村ごとに植継がれ大切に育てられてきたといわれている。御油〜赤坂間にある〝御油の松並木〟は国の天然記念物に指定されている。また、長崎街道・黒崎宿の310メートル続く〝曲里の松並木〟も有名。

▼茶屋▲

街道筋にある旅人向けの休憩場で宿場や峠、峠の前後にあって、お茶・一膳飯・お酒などを売っていたという。場所や目的によって〝立場茶屋〟〝籠立場〟と呼ばれていた。

・立場茶屋

次の宿場町が遠い場合はその中間地点に、また峠のような難所がある場合は難所に休憩施設として設けられていた。旅人に休息と利便を与える茶屋や売店があって、馬や駕籠の交代を行うところもあった。〝峠の茶屋〟も立場の一種で、藩が設置したものや、周辺住民の手で設けたものもあったといわれている。

・籠立場

藩主が街道を往来する際に休憩する場所で、駕籠を置いて一服したことから駕籠立場とも呼ばれている。峠などの風景の良いところが選ばれていたという。

▼道標▲

古くは「みちしるべ」といわれ、目的地までの距離や方向を示すため、街道の分岐点、町中の交叉路、山中、峠に設置されていた。無垢の石柱に彫ったものが多いが、自然石や地蔵の台座、常夜燈に刻んだものもある。木製のものが多かったとされるが、残っているのは石造が多い。街道の分岐点にある道標は〝追分石〟〝追分地蔵〟〝追分道標〟などとも呼ばれている。ユニークなものに〝道標歌碑〟がある。

・秩父道志るべ

熊谷市中心街を過ぎたところに「ち、ぶ道」と刻まれた石柱が建っている。中山道と秩父往還との分岐点に建てられた道標で、「ち、ぶ道　しまぶへ十一里」とあり、秩父札所一番四萬部寺への

距離と方向を示している。(中山道・熊谷市)

・追分石

道が左右に分かれるところを追分といい、そこに建てられた〝道しるべ〟が追分石。もとは〝牛馬を追い分ける場所〟を意味し、そこから街道の分岐点を意味するようになっている。東海道と伊勢街道の分岐点〝日永の追分〟、中山道と北国街道の分かれ道に建つ〝信濃追分〟は地名として今も残っている。

・草津の追分道標

江戸から京へ向かうと草津宿の中心地で東海道と中山道が合流する。ここに草津宿の名残をとどめているという大きな常夜燈が建っている。多くの旅人が道に迷わぬよう、また旅の安全を祈って文化13年(1816)に建立されている。高さ4・45メートル、火袋以上は銅製の立派な大燈籠で、この常夜燈の石柱に「右 東海道いせみち・左 中仙道美のぢ」と刻まれ、追分道標になっている。(東海道・草津市)

・追分地蔵

雪国の都市・高田の雁木通りを抜けると、浮彫されたお地蔵さんの左右に「左かゝかいたう 右いまゝちみち」と刻まれた〝追分地蔵〟が建っている。今町は現在の直江津で、「かゝかいたう」は富山・金沢へ通じる加賀街道のこと。柏崎、富山方面から往来する旅人はこの地蔵さんの前を通ったといわれている。(北陸道・上越市)

・道標歌碑

熊野古道の八鬼山の入口に「道標歌碑」が建っている。三重県を代表する民謡・尾鷲節の歌詞を刻んだ道標で、「八鬼山道〝ままになるならあの八鬼山を鍬でならして通わせる〟」とある。西国三十三所第一番札所・那智山青岸渡寺へ向かう巡礼者がこの付近で登り口がわからず難儀したことから、巡礼者の便宜を思い、尾鷲市矢浜の相賀徳一が自費で建立したという。（熊野古道・尾鷲市）

▼常夜燈▲

街道沿いの常夜燈は、夜道の安全を願うとともに街道の〝道しるべ〟として、また、港町などには灯台の役目をもつものとして大型の常夜燈が設置されていた。集落の中心や神社には、村を火難から守るために〝火伏せの神〟を祀った秋葉神社の常夜燈が信仰の対象として設置されている。秋葉燈とも呼ばれ村人が順番に毎日夕方、ろうそくや菜種油を燃やして火を灯していたといわれている。各街道に設置されている事例を次に示す。

・平部町常夜燈

鳴海宿の東の入口平部町に大きな常夜燈が建っている。表に「秋葉大権現」、右に「宿中為安全」、左に「永大常夜燈」、裏に「文化三丙寅正月」の文字が刻まれている。文化3年（1806）に設置されたもので、旅人のための目印とすると共に、宿場内並びに宿の安全と火災厄徐などを秋葉社（火防神）に祈願したものという。（東海道・名古屋市）

・横田橋常夜燈

野洲川に突き当たると大きな常夜燈が建っている。東海道の〝横田渡し〟跡で、渇水期には土橋が架けられるが、それ以外は軍事面から架橋が許されず〝船渡し〟とされていた。参勤交代をはじめ往時は夜も通行が絶えず、旅人のための目印となるよう文政5年（1822）に高さ10・5メートル、燈火を灯す火袋は大人も通れるほどの巨大な常夜燈が、地元や京都・大坂を中心とした万人講中の寄進によって建てられている。（東海道・甲賀市）

・神流川の常夜燈

神流川橋の袂に建っている常夜燈に説明が記されている。要約すると、「上武2州の国境を流れる神流川は、往古より荒れ川で出水毎に川瀬道筋を変えて旅人や伝馬、人足の悩みの種であった。文化12年（1815）本庄宿の戸谷半兵衛が川の両岸に灯籠を建立し、夜になると火を燈し夜道を往来する旅人の標準とした。この常夜燈は〝見透灯籠〟とも呼ばれている」とある。（中山道・本庄市）

・妙義道常夜燈

この常夜燈は文化5年（1808）に、地元の「妙義講」の人々が建立したもので、西面に「当所講中」、台石には「是より妙義道」と刻まれている。妙義神社への参詣者のための「道しるべ」となっていたようで、切石積みの台座に妙義講中67名と石工の名前が刻まれているという。（中山道・安中市）

・万人講常夜燈

東海道の難所であった鈴鹿峠に建つ常夜燈で、江戸時代に金毘羅参りの講中が道中の安全を祈願して建立したもので、重さ38トン、高さ5・44メートルの自然石で造られている。地元山中村をはじめ、坂下宿や甲賀谷の人々の奉仕によって出来上がったといわれている。（東海道・甲賀市）

・浜町の常夜燈

野辺地湾に出ると、文政10年（1827）、野辺地の廻船問屋野村治三郎によって建てられた「浜町の常夜燈」がある。要約すると、「常夜燈には毎年3月から10月まで夜ごと灯がともされ、航海の安全を守る灯明台として野辺地湊に行き交う船を見守ってきた。江戸時代に物資輸送の大動脈であった大坂と蝦夷地（北海道）を結ぶ日本海行路で、湊には湊役所、遠見番所、鋼蔵、大豆蔵などの施設や廻船問屋の船荷蔵があり、船は沖合に停泊し、はしけ船によって船荷を運んでいた」とある。（奥州街道・野辺地町）

▼しるべいし▲

別名〝迷子しるべ〟ともいわれ、自分の子供が迷子になると子供の特徴などを紙に書いて左面〝たずぬるかた〟に張り、心当たりのある人が居場所などを書いて右面〝しらするかた〟に張ったといわれている。

尋ねる人も、見つけた人もこの石に張り紙をしておくので、ここへ来れば解決の手がかりを得られる仕組みになっている。警察制度のない当時は重宝がられ、人の大勢集まるところに建てられていたとのこと。浅草観音の〝しるべいし〟は有名だったという。桑名（東海道）の春日神社青銅鳥居横と山陽道の岡山城下に、当時の〝しるべいし〟が残っている。

▼**接待所**▲

無料で旅人に施しをする（恵みを与える）ところで施行所ともいわれている。街道を往来する旅人にとって厳しい山越えは難儀な道。特に晩秋から早春にかけての峠は雪の日も多く危険な道程であり、旅人や荷物を運搬する馬子たちの避難場所が必要だったのだろう。箱根峠（東海道）の接待茶屋、和田峠（中山道）の永代人馬施行所（和田峠施行所）では馬に飼葉を与え、冬には旅人を粥と焚き火で接待していたといわれている。茶店も姿を消す冬には寒さをしのぎ、体を暖める安らぎの場であったのは想像に難くない。

＊中山道の和田宿から和田峠に向かうと、途中に茅葺の休憩所〝和田峠施行所跡〟がある。説明によると、江戸呉服町の豪商が、中山道の旅人の難儀を幾分でも助けようと金千両を幕府に寄付、この利子百両を二分して碓氷峠の坂本宿と和田宿に下付し、文政11年（1828）に設置された施行所の一つで、11月から3月まで峠を越える旅人に粥と焚火を、牛馬には年中小桶一杯の煮麦を施行した。その後、山崩れにより流失したが嘉永5年（1852）、現在地に再建され明治3年までつづけられたという。

▼**街道に見られる工夫・知恵**▲

宿場や城下町には桝形、のこぎり家並み、二十七曲がりといった工夫が見られたが、街道にも大名行列同士が道中かち合わないように工夫された〝曲尺手《かねんて》〟、単調な旅に変化を付ける〝大曲〟、山や丘などを掘削した〝切通し〟、尾根道のように道を狭く掘り切った〝掘り切り〟、大雨による路面の流出や崩壊を防ぐ〝石畳道〟といった工夫がなされている。

・曲尺手

東海道の白須加宿に〝曲尺手〟の説明板が立っている。曲尺手とは意識的に直角に曲げられた道のことで、格式の違う大名がすれ違う場合、格式の低い大名は駕籠から降りて挨拶するのがしきたり。主君を駕籠から降ろすことは、行列を指揮する供頭にとって一番の失態。そこで斥候を曲尺手の先に出して偵察し、かち合いそうなときには休憩を装って近くのお寺に緊急避難することもあったという。

・大曲

見通しの良い街道に、桝形を大きくしたようなクランク型の大きな直角の曲がりがあるところで、単調な旅に変化をもたせるため一里塚と共に造られた。戦乱の世には東西に走る敵の数を調べるのに都合がよく、また参勤交代の際に殿様が駕籠を止めて前後に続く自分たちの行列を眺めては長い旅を続けたという。山陽道の旧矢掛宿から神辺宿に向かうと〝大曲跡〟がある。

・切通し

山や丘などを掘削し人馬の交通を行えるようにした道で、トンネル掘削技術が発達していなかった明治時代以前には、切り立った地形の難所に道路を切り開く手段として広く用いられた。

＊鎌倉街道の源氏山公園の登り口にある〝化粧坂《けわいざか》切通し〟は「鎌倉七切通し」の一つ。国分寺市

立歴史公園の先に旧鎌倉街道の切り通しの道がわずかに残っている。また、熊野古道の女鬼峠は千枚岩を掘削して通した峠道で、切り通しの崩落を防ぐための古い石積みが残っている。

•掘り切り

尾根道のように道を狭く掘り切って両側を谷にした道で、豊臣秀吉の小田原攻撃の際、小田原勢の武将が碓氷峠の峠道を狭く掘り切って防戦している。中山道の碓氷峠にこの掘り切り跡が残っている。

•石畳道

道の一部分に平たい自然石を畳のように敷き詰められたところで、峠越えの道に多く見られる。有数の多雨地帯である尾鷲地方の熊野古道には多くの石畳道が残っている。大雨による路面の流失や崩壊から守り、夏草やシダ類の繁茂をおさえて道筋を確保するためだといわれている。

石畳には鎌倉時代と江戸時代のものがあって、鎌倉時代の石畳は一つひとつが大きく階段式に敷かれており、重厚で敷き方も豪快。熊野古道の波田須に鎌倉時代の石畳道が見られる。江戸時代の敷石には、所々に土砂流出を防ぐため「洗い越し」と呼ばれる雨水を流すための道路横断側溝も作られている。

＊馬越峠から八鬼山、波田須、大雲取越とつづく石畳道は素晴らしい。檜木立の中を行く苔生した石畳道の美しさは古道随一といわれ、音一つ聞こえない静寂な山中にあって、延々と続く苔生した石畳道はとても神秘的だ。

＊この他、往時を偲ぶことができる街道の石畳道として東海道の箱根峠、金谷坂、中山道の十曲峠、それに日向街道の白銀坂（国史跡）等が挙げられる。白銀坂は始良市脇元から鹿児島市宮之浦町までの石畳が残る旧街道で、距離約3キロ、標高差約410メートルの山間を抜ける峠道。ほとんどが石畳道で、登り切るのにおよそ1時間20分を要した。熊野古道に匹敵する長い立派な石畳道だった。

街道と河川

日本は山が多いが川も多い。昔はこの河川が水陸交通の動脈になっていた。旧街道を歩いて当時の宿場町や城下町を訪れると〝橋を渡ると宿場町〟、〝城下町をあとに川を渡る〟といったところが多い。このように宿場町や城下町には川が流れ、橋や港が主要街道の起点にもなっている。また、徳川家康は水上交通網確立や水害対策などを目的に利根川と荒川の流れを変えている。

▼街道の起点・終点▲

江戸の日本橋は東海道、中山道、甲州街道、奥州街道の起点であり、京都の三条大橋は江戸に向かう東海道の起点になっている。同じように大阪の高麗橋は奈良街道、天満橋は熊野古道、小倉の常盤橋は長崎街道といったように〝橋〟が多くの街道の起点・終点になっている。一方、港は奥州街道の三厩港、山陽道の下関港、そして長崎街道の終点・長崎は鎖国時代に西洋に向けて開かれた唯一の港として、海外の新しい学術や文化がここから日本に伝わってきた。

▼江戸・京都・大阪には水路が網の目のように流れている▲

江戸には利根川・荒川水系、京都には淀川水系の宇治川・木津川・桂川・鴨川、大阪には淀川水系といった大きな川が流れている。これらの支流・水路が網の目のように街中を流れていて水陸交通の動脈になっていた。

時代劇映画を観ていると、橋を渡り小舟に乗って出かけるシーンがよく出てくる。また〝京〟最大の内陸港として栄えた宇治川派流の〝港町伏見〟は、豊臣秀吉が伏見城構築資材を運ぶために造った内陸港だったといわれている。日本各地と京を結んだ水運の十石舟、三十石舟が復元され観光用として運行されている。

▼東北地方のコメや物資は川舟で江戸へ▲

奥州街道を宇都宮から北へ向かって鬼怒川を渡ると、川船発着所〝阿久津河岸〟がある。東北地方のコメや物資は阿久津まで陸送され、ここから川舟で江戸に送られたという。どうして川舟で江戸に？　と思って調べると、鬼怒川は取手市近くで利根川に合流。そのあと運河や水路で江戸川、旧江戸川、荒川、隅田川、神田川を経て江戸城に通じていた。この〝阿久津河岸〟は明治の中期まで水陸交通の要所として繁栄していたという。

▼仙台藩が造ったコメ運送用の貞山堀▲

伊達政宗が城づくり・城下町づくりのために造った輸送水路を、仙台藩が穀倉地帯のコメ運送のために拡大。明治に入って仙台湾の阿武隈川河口から塩釜まで、海岸線に沿って河川水路を横につなぐ貞山堀を完成させている。その距離32キロにおよぶ。

▼金毘羅船に乗って〝こんぴら参り〟▲

金刀比羅宮の歴史は数千年といわれ〝こんぴら参り〟が盛んになったのは江戸中期からとのこと。「一生に一度はこんぴらさんへ」と、江戸や上方の善男善女は、大阪から金毘羅船に乗って丸亀港に着き、そこから丸亀街道を歩いてお参りしたといわれている。今の時代、船でといえば不便という感があるが、当時は今の新幹線のような主要な交通手段だったのだろう。

▼利根川の〝東遷〟、荒川の〝西遷〟▲

徳川家康は利根川を東京湾から銚子沖へ、荒川を入間川へと流れを変えている。これを利根川の東遷（1594～1654年）、荒川の西遷（1629年）といっている。

日本橋から奥州街道を歩くと、越谷で〝元荒川〟、春日部で大落〝古利根川〟を渡る。日本橋からだと神田川、荒川、そして元荒川、古利根川、さらに中川、利根川、鬼怒川を渡ってゆく。元荒川、古利根川とは？　と思って調べると、鬼怒川は1000年前には印旛沼から銚子に流れていて、利根川は荒川と合流し東京湾に注いでいたという。

家康が江戸に入る（1590年）と、水害対策、新田開発、水上交通網の確立、そして利根川を外堀とした伊達政宗の防備対策として、利根川を東京湾から銚子沖へ付替え、荒川を西の入間川に付替えさせたという。ずいぶん大きなことをやっている。元荒川、古利根川はこの名残の川ということになる。

武田信玄が治水に力を入れたのは有名で、年々荒れる釜無川の水害から村を守るために信玄堤を完成させたとのこと。徳川家康はこの信玄堤などの武田流の土木技術を習得していたとされている。

▼川渡り▲

川渡りには、徒渡し、渡し舟、舟橋、架橋があるが、川会所のところで述べたように東海道には徳川家康の交通政策により、架橋を禁止し通行人を厳しく取り締まっていた河川がある。

〈徒渡し〉

架橋を禁じられ渡渉制度が敷かれた川では、旅人は川越人夫の肩車や蓮台に乗って川を渡ることになる。東海道では酒匂川、興津川、安倍川、大井川などが該当する。

この川越人夫が人や荷物を渡すのを監督するのが川会所で、安倍川、大井川には川会所跡がある。大井川には当時の川越施設が復元されている。ちなみに、安倍川の川越え賃は、水深が脇下から乳通りまでは一人64文、へそ上は55文、へそまでは48文、へそ下は46文、股までは28文、股下は18文、膝下は16文であったといわれている。1文30円で換算すると脇下から乳通りまでが1920円になる。

［東海道以外では］

・中山道の垂井宿の入口に相川が流れている。ここに「相川の人足渡跡」の説明板が立っている。相川は昔から大洪水があり、橋は流れ、淵も変わった。川幅約百メートルのこの川は、大井川と同じ、江戸時代は人足渡で、特別の姫宮や朝鮮通信使等の大通行には木橋をかけた。天保6年（1835）以後、渡川は一切人足渡になっていたとのこと。

• 西宮市に入る手前で武庫川を渡るが、「髭の渡し」の説明板が立っていて、渇水期は徒行渡り、水量が少ない時は仮橋、増水時は、仮橋を取り外して（仮橋が流されると罰せられたため）人足の肩車や蓮台などの方法で渡っていたとのこと。（西国街道）

• 川越人夫による〝徒渡し〟ではないが、長崎街道の佐賀・大村藩境近くを流れる平野川に「平野渡」跡の説明板が立っている。川幅が僅か5、6軒の飛石渡りの小川だが、雨が降れば増水した水が岸を噛み、たびたび地元の農民が応援に駆り出されるという難所だったという。また薩摩街道の肥薩国境の境川は小さな谷川だが、当時は防衛の必要から橋が架かっておらず飛石伝いに川を渡っていたとのこと。

〈**渡し舟**〉

船を利用して人や牛馬を乗せて渡るもので、東海道では多摩川、富士川、天竜川、浜名湖の今切の渡し（舞坂宿～新居宿）、七里の渡し（宮～桑名の海路）等がある。

• 野洲川の「横田渡」は4艘の船による船渡しで、渇水期（10月から翌2月）は流路の部分に土橋を架けて通行させたという。（東海道）

• 東海道の富士川は急流で水量も多いことから、徳川家康の交通政策によって船を利用したという。説明によると、用いた定渡船には人を30人、牛馬4匹を乗せ、船頭が5人ついたとのこと。

［東海道以外では］

•北陸道の粟生宿《あお》（能美市）手前で手取川を渡るが、霊峰白山を源泉とする石川県最大の河川で、「暴れ川」の異名があるように過去に大洪水を何度も繰り返し、住民の生活を脅かしていたといわれ、粟生宿と対岸との交通は、通称「粟生の渡し」と呼ばれる〝綱繰り渡船〟が唯一の渡河方法だったという。増水時には数日粟生の宿に足止めされていたが、明治21年に木橋が架けられたとのこと。

•この他、〝渡し舟〟には伊勢最大河川の〝宮川・桜の渡し〟（伊勢街道）、中山道の三大難所の一つ〝木曽川の太田の渡し〟、〝揖保川の西條の渡し〟（山陽道）、〝呂久川の呂久の渡し〟（中山道、呂久川は現在の揖斐川）等がある。

〈舟橋〉

対岸との間に10隻近い小舟（台舟）を浮かせ、この舟に板を敷いて人を渡す橋にしたもので、舟橋のおこりといわれる〝九頭竜川の舟橋〟をはじめ〝千曲川の舟つなぎ石〟、安藤広重の絵にある〝日野川の舟橋〟、〝筑後川の元冦史跡・神代浮橋の跡〟等がある。なお、東海道の天竜川には舟橋跡と木橋跡の２つの標示杭が立っている。

•九頭竜川の舟橋。福井平野を流れる九頭竜川（九頭竜橋）を渡ると、橋の袂に史跡〝舟橋〟の由来が書いてある。説明によると、この舟橋は天正６年（１５７８）柴田勝家が架けたもので、それまでは黒竜の渡しという渡船場だった。勝家は越前海岸の浦々から48艘の舟を出させ、刀狩りで集めた刀や鉄砲の鉄から作った鎖でこの舟を繋ぎ、その上に板を並べて橋とした。これが舟橋のおこりで、天下の三大舟橋として全国にその名を知らしめた。明治11年（1878）に明治天皇の北陸巡幸の際、木橋に架け替えられたという。（北陸道・福井市）

・千曲川の舟つなぎ石。中山道の塩名田宿の外れで千曲川を渡る。千曲川は〝近郷無類の荒川〟で、橋を架けても洪水で流され、渡川を確保するのに大変苦労したという。このため、渡川の変遷も目まぐるしく、享保5年「両岸から中州へ架橋」→「刎橋＋平橋」→「舟渡し」→「平橋」→明治6年「舟橋」、そして明治25年に長野県によって「木橋」が架けられ舟橋の役割は終わったという。舟橋が20年近く続いたのは、明治6年につくられた船橋会社が「舟つなぎ石」を使って舟橋を架けたもので、9艘の舟を2本の針金でしっかりと繋ぎ、その上に板を架け渡した。「舟つなぎ石」はこの舟橋の舟をつなぎとめる大石のことで、綱を通す穴が開いている。（佐久市）

・日野川の舟橋。武佐宿をあとに一面に広がる穀倉地帯を抜けて日野川にぶつかると、舟渡しの様子を描いた浮世絵師・安藤広重の絵付き説明板が立っている。ここに、平常旅人はこの川を舟で渡り、水量が減ると川に杭を打って止めた2艘の舟の上に板を渡して作った舟橋を渡っていた。橋が架かったのは明治8年（1875）とある。（中山道・近江八幡市）

・筑後川の神代浮橋。薩摩街道の久留米市を流れる筑後川（神代橋）を渡ると、橋の袂に「史跡神代浮橋之跡」がある。説明によると、文永11年（1274）、元・高麗の連合軍の襲来に際し、鎌倉幕府の執権北条時宗は薩摩・大隈・日向・肥後など南九州の御家人などに出兵を命じた。当地の神代良忠は、これら軍勢の北上に際し、工夫をこらして九州第一の難所といわれた筑後川神代浮橋（舟橋）の通行の便を計らい、諸軍を速やかに博多に赴かせたという。室町末期には〝神代船渡し〟が見え、江戸時代に入ると諸藩は参勤交代の折にここで船渡りし、冷水峠越えの道で小倉に向かったとのこと（従って元・高麗の襲来のときだけ浮橋を作ったようだ）。

〈**架橋**〉

当時の架橋には土橋、木橋、石橋があって、中でも土橋が一般的だったようで、橋の欄干に〝擬《ぎ》宝珠《ぼし》〟の飾りのあるものが多い。特筆すべき橋として〝瀬田の唐橋〟、お伊勢参りで知られた〝小田の橋〟、それから名橋で知られる岩国市の〝錦帯橋〟、長崎市の〝眼鏡橋〟、新潟市の〝萬代橋〟、日光市の〝神橋〟、それに奇橋といわれる〝刎橋〟がある。

・擬宝珠は、神社や寺院の階段、廻縁の手すり、欄干の柱の上に設けられている伝統的な建築物の装飾で、ネギの花に似ていることから葱台とも呼ばれている。この擬宝珠は親柱が木製の場合は雨水などによる木材の腐食を抑えるため銅・青銅などの金属製が多く、親柱が石の場合は擬宝珠も石造りが多いとのこと。

・瀬田の唐橋は、琵琶湖から南へ流れ出る瀬田川に架かる唯一の橋。江戸から京都へ向かうには瀬田川を渡る必要があり、古くから軍事・交通の要衝であったといわれている。この瀬田川は京都で宇治川、大阪で淀川と名を変え大阪湾に注いでいる。（東海道・大津市）

・小田の橋は、伊勢神宮の外宮と内宮をむすぶ伊勢街道の勢田川に架かる橋。江戸時代になると多くの文書にその名が書かれているという。この橋を渡って尾上坂を上り、日本の三大遊郭（江戸の吉原、京の島原）の一つ、古市を経て内宮へ至る道は、かつてお伊勢参りの人々がたどった歴史的な道で往時の賑わいが偲ばれるところといわれている。（伊勢市）

・錦帯橋は、岩国城の天然の外堀になっている錦川に架かる木造5連のアーチ橋。延宝元年（1673）、3代藩主・吉川広喜の時代に構築されている。大洪水にも流されないよう橋脚を石組みにし、本体の木組みに工夫をこらした橋で276年間風雨に耐えてきたが、昭和25年のキジア台風による洪水で流失。現在の橋は昭和28年に再建されたもので、日本の三名橋の筆頭に挙げられ、国の名勝に指定されている。（山陽道・岩国市）

・萬代橋は、新潟市の中心街を流れる信濃川に架かる橋。美しい8連のアーチと石づくりの重々しさが調和した橋で、新潟市のシンボルになっている。3代目の橋で昭和4年に完成。昭和初期の大規模なコンクリートアーチ橋の貴重な現存橋として、重要文化財に指定されている。建築技術・デザインの両面で高く評価されているという。（北国街道）

・眼鏡橋は、長崎市の中心街を流れる中島川に架かる日本最古の石造アーチ橋。寛永11年（1634）、興福寺唐僧黙子禅師によって架橋されている。黙子禅師は中国江西省の人で寛永9年（1632）に日本に渡来、石橋を架ける技術指導者でもあったようだ。川面に映るその姿から、古来より〝めがね橋〟の名前で長崎の人たちに親しまれていたが、明治15年に正式に眼鏡橋と命名されている。重要文化財に指定されている。（長崎街道）

・神橋は、奈良時代の末に、神秘的な伝承によって架けられた橋で、神聖な橋として尊ばれ、寛永13年に現在のような神橋に造り替えられたという。もっぱら神事、将軍社参、勅使などの参向のときに使用され、一般の人は下流に架けた仮橋（日光橋）を通行するようになったといわれている。山間の峡谷に用いられた「刎橋《はねばし》」の形式としては我国唯一の古橋であり、日本三奇橋の一つに数えられている。（日光街道・日光市）

＊日光東照宮を訪れるとき、手前で日光橋（大谷川）を渡る。この橋と平行に朱塗に映える美しい神橋が架かっている。重要文化財で、平成11年12月に世界文化遺産に登録されている。

〈刎橋〉

橋脚のない刎橋は大月市を流れる桂川に架かる名勝〝猿橋〟が有名。もう一つ黒部川に架かっていた〝愛本刎橋〟があるが、すでに架け替えられ往時の姿を見ることができない。

・猿橋は、刎ね木を重ねた上に橋桁が載せられた橋で、木造で唯一現存する刎橋といわれ国の名勝に指定されている。江戸時代には「日本三奇橋」の一つとしても知られ、旧甲州街道に架かる重要な橋だったという。

＊甲州街道の鳥沢宿から大月市に向かうと途中で桂川を渡る。この国道20号に架かる新猿橋の上流に昔の〝猿橋〟が残っていて、次のような説明が添えてある。（要約）

「猿橋架橋の始期については定かでないが、諸書によれば『昔、推古帝の頃（６００年頃）百済の人、志羅呼《しらこ》、この所に至り猿王の藤蔓をよじ、断崖を渡るを見て橋を造る』とあり、その名はあるいは白癬《しらはた》、志耆麻呂《しきまろ》と様々であるが、これ以外の伝説は見当たらない。史実の中では、文明19年（１４８６）２月、聖護院の門跡道興はこの地を過ぎ、猿橋の高く危うく渓谷の絶佳なるを賞して詩文を残し、過去の架け替えや伝説にも触れている。

昭和７年、付近の大断崖と植生を含めて、猿橋は国の名勝指定を受け今に至っている。昭和９年、西方にある新猿橋の完成により、この橋の官道としての長い生命を終わったが、その後も名勝として生き続けている。今回の架け替えは嘉永４年（１８５１）の出来形帳により架けられており、江戸時代を通してこの姿や規模であった。昭和58年着工、昭和59年８月完成、総工費３億８３００万円。橋の長さ30・９メートル、橋の幅３・３メートル、橋より水際まで30メートル」

・愛本刎橋。舟見宿から黒部市に入ると間もなく黒部川に架かる鉄骨のアーチ橋（愛本橋）を渡る。説明によると、この地に初めて橋が架けられたのは寛永３年（１６２６）、しかしこの橋は黒部川の氾濫により流出をくり返したので、寛文２年（１６６２）加賀５代藩主前田綱紀が刎橋を作らせた。両側から大木を刎ね出し、中央部でつなぎ合わせるという橋脚のない刎橋は、周囲の景観ともよく調和し、錦帯橋、猿橋とともに日本三奇橋の一つに数えられていた。その後、刎橋は８回架け替えられ、明治24年に木橋、大正９年に鉄橋へと変わるが、昭和44年の豪雨で流出。昭和47年に60メートル下流に橋長１３０メートルの近代的な現在の橋に生まれ変わったという。（北陸道・黒部市）

街道と国境・県境

旧街道を歩くと色んな国境・県境に出会う。峠、河川、海峡といった〝自然地形〟だけでなく平地に、所によっては民家が立ち並ぶところを分断するかのように〝境界標柱〟や〝国境石〟が建っているところがある。この他にも藩境や領界を示す〝境石〟や〝境塚〟〝国境一里塚〟〝国境名号塔〟などがある。これらの主なものをピックアップしてみよう。

▼自然地形▲

［関東地方の例］

〝峠〟

・境明神峠……奥州街道の栃木／福島県境
・碓氷峠……中山道の群馬／長野県境
・小仏峠……甲州街道の東京都／神奈川県境
・箱根峠……東海道の神奈川／静岡県境

〝河川・海峡〟

・江戸川……水戸街道の東京都／千葉県境及び埼玉／千葉県境
・利根川……水戸街道の千葉／茨城県境、奥州街道の埼玉／茨城県境
・小貝川……水戸街道の下総・常陸国境

・多摩川……東海道の東京都／神奈川県境

［関東以外の例］

・鈴鹿峠……東海道の三重／滋賀県境
・暗峠……奈良街道の大阪府／奈良県境
・蒲生峠……山陰道の兵庫／鳥取県境
・境川……北陸道の新潟／富山県境
・大井川……東海道の駿河・遠江国境
・逢妻川……東海道の三河・尾張国境
・木曽川……東海道の愛知／三重県境
・小瀬川……山陽道の広島／山口県境
・熊野川……熊野古道の三重／和歌山県境
・山国川……日向街道の福岡／大分県境
・関門海峡……関門トンネルの中間点が山口／福岡県境になっている

▼境界標柱▲

・中山道の〝岐阜／滋賀県境〟

民家が立ち並ぶ街道筋の細い溝の脇に「近江・美濃両国境寝物語」の境界標柱が立っている。この溝を挟んで両国の番所や旅籠があり、壁越しに「寝ながら他国の人と話し合えた」ので寝物語の名が生まれたという。この寝物語は中山道の古跡として名高く、古歌等や広重の浮世絵にも描かれているとのこと。（近江・美濃国境）

・山陽道の〝岡山／広島県境〟

総合食品ストア前に「岡山県／広島県 管轄境界標」の標柱が立っている。岡山県と広島県の境で、民家が建ち並ぶ途中に県境があるので不思議な気がする。（備中・備後国境）

▼**国境石**▲

・西国街道の〝京都／大阪府境〟

山崎合戦跡〝天王山〟から山崎に向かうと、「従是東山城國」と刻まれた国境石と、ドブのような溝を挟んで関戸大明神がある。古代の山崎の関跡ともいわれ、交通の要として時には朝廷が兵を派遣し守らせるほど重要なところだったという。この溝が山城・摂津の国境で、今の京都／大阪府境になっている。

・長崎街道の〝豊前・筑前国境〟

小倉藩・福岡藩の境界に「従是西筑前国」と刻まれた国境石がある。豊前国（小倉藩）と筑前国（福岡藩）の境界石で、この国境は紛争多発地帯だったため数多くの国境石を置いて境界を明らかにしていたという。この名残の国境石が13基あるとのこと。

また、長崎街道の〝福岡／佐賀県境〟に「従是東筑前国」「従是西肥前国」と刻まれた国境石二本が背中合わせに建っている。背中合わせの中心線が両国の境とのこと。文化4年（1807）建立とある。当時は境界の〝標〟だった松の木が枯れたのを機会に境石が建設されたが、枯れた松の位置や野地の分け方で話し合いがつかず2年の歳月がかかったという。

•薩摩街道の〝筑前・筑後国境〟

福岡県の山家で長崎街道から分かれ松崎に向かうと、「従是北筑前国」「従是南筑後国」と刻まれた国境石が2本並んでいる。福岡県は当時、東部は豊前国、西部は筑前国、南部は筑後国に分割されていた。

•出羽街道浜通りの〝新潟／山形県境〟

この県境近くに来ると「新潟県最北端の村上市伊呉野です」と書かれた集落案内図が出ている。県境に「右新潟県 左山形県 境標」の標石があって、道に黄色の境界線が引いてある。ここも48頁の山陽道と同じように軒を連ねる町を二分する県境になっている。（越後・出羽国境）

▼その他の境石▲

•長崎街道の藩境界に設置された〝番号石〟

嬉野温泉を通ったとき、所々の店先に番号を刻んだ大きな自然石が置いてある。藩の境界線に設置された〝番号石〟で、嬉野地区は山地を佐賀本藩、平地を蓮池支藩領と分割統治されていたため、境界を巡って紛争が絶えず、境界線上にこういった番号石が藩境40キロにわたって約2千個（20メートルに1個）が設置されていたという。

•長崎街道の鈴田峠にある藩境目印の領界石

大村藩と佐賀藩諫早領の藩境となった鈴田峠に目印になっていた領界石がある。現在も大村市と諫早市の境となっていて、この藩境に沿って横に延びる道沿いには、石を積み上げた塚が点々と残されているという。

・薩摩街道の田園地帯の一角に建つ〝郡境石〟

松崎から羽犬塚に向かうと田園地帯の一角に〝郡境石〟がある。当時の御井郡と御原郡の境界を示すために、文政12年（1829）に建てられたもので、こうした境石は人為的に決められた分かり難い境界を示すために各所に建てられたという。

▼藩境塚▲

・奥州街道の〝伊達・南部藩境塚〟

伊達領・南部領の藩境にこじんまりした〝藩境塚〟がある。説明によると、伊達・南部藩の境界に両藩の境界争いが各地で起こり、江戸幕府老中立会いのもと境界線が引かれ要所要所に塚を築き、さらに重要箇所には挟塚といって特に大きなものを南部側に一つ、仙台側に一つセットにして築いた。現在地の塚は、資料に基づいて復元したもので、この塚を境に北に南部藩、南に伊達藩の番所がそれぞれ置かれていたという。

・奥州街道の〝津軽・南部藩境塚〟

陸奥湾沿いに野辺地から平内に向かうと、馬門御番所跡の先に〝津軽・南部藩境塚〟がある。溝のような小さな二本又川《ふたまたかわ》を挟んでそれぞれ2基ずつ計4基の大きな藩境塚が並んでいる。高さ3・

5メートル、底面の直径10メートル。塚に対応して「従是東南盛岡領」「従是西北津軽本次郎領分」の標石が建っている。この塚は江戸時代、津軽藩と南部藩の境界に築かれたもので築造年代は明らかでないという。

▼その他▲

・北陸道の〝加賀・越前国境一里塚〟と〝お国境名号塔〟

北陸道の石川／福井県境の山道に、盛土を残す〝加賀・越前国境一里塚〟と〝お国境名号塔〟がある。名号塔は加賀方面から越前へ入国する人々をお迎えして旅の疲れを労うもので、南無阿弥陀仏と刻まれている。

江戸の牢屋敷と刑場跡

江戸には罪人が全国から送り込まれてきた〝伝馬町牢屋敷〟があった。そして江戸の刑場は、北の入口・日光街道に〝小塚原原刑場〟、南の入口・東海道に〝鈴ヶ森刑場〟、西の入口・甲州街道に〝大和田刑場〟が設けられ、江戸三大刑場といわれている。犯罪目的で江戸に入ってくる者を威嚇するため、各街道の入口に刑場が設けられたとのこと。今も小塚原原刑場跡と鈴ヶ森刑場跡が残っている。

▼伝馬町牢屋敷跡▲

日光街道の小伝馬町交差点に近くの十思公園に、「伝馬町牢屋敷跡」と「江戸三縁史蹟」の説明板が立っている。現在の大安楽寺、身延別院、村雲別院、十思小学校、十思公園を含む一帯が伝馬町牢屋敷跡で、「江戸三縁史蹟」の一つに〝吉田松陰先生終焉之地〟が記されている。

・伝馬町牢屋敷

説明によると、伝馬町牢は明治8年（1875）に市ヶ谷囚獄ができるまで約270年間存続し、この間に全国から江戸伝馬町獄送りとして入牢した者は数10万人を超えたといわれている。この十思公園を含む一帯が跡地になっていて、牢舎は揚座敷（旗本の士）、揚屋（士分僧侶）、大牢（平民）、百姓牢（百姓）、女牢（婦人）に分かれ、明暦3年（1657）の収容囚人は130人で、安政大獄（1859）では吉田松陰ら90余名が収容されたという。

・吉田松陰先生終焉之地

説明に、「吉田松陰先生は早くから山鹿流兵学その他の学問を修め、その道を究めて、子弟の教育につとめた偉人である。安政元年3月、師の佐久間象山のすゝめで海外渡航を計画し、下田から米艦に便乗しようとして失敗。同年9月まで約6カ月間伝馬町獄に留置されていたが、謹慎の身となって萩に帰郷。後の松下村熟での教育が最も偉大な事業であろう。多くの著名の士が出て、中でも伊藤博文、山形有朋、木戸孝充等は明治維新の大業に勲功のあった人物である。わが国歴史の上での三大変革といえば大化の改新、鎌倉幕府の創立、明治維新の3つであるが、その明治維新にこれら松下村塾生の働きが大きな力となっている。この後、松陰は安政の大獄に連座して再び伝馬町獄に入牢。処刑の時の近づいたのを知って留魂録を書き遺し、安政6年10月27日の処刑の日、揚屋を出る松陰は詩を高らかに朗吟して同囚の士に訣れを告げ、刑場では〝身はたとひ武さしの野辺に朽ちぬともとどめ置かまし大和魂〟の歌を朗誦して従容として刑についた。行年30歳。後、十思小学校々庭に留魂碑が建設された。江戸史跡保存協賛会」とある。（要約）

▼小塚原刑場跡▲

日光街道を伝馬町牢屋敷跡から浅草寺を経て千住宿に向かうと、「浅草のはりつけ場」といわれた小塚原刑場跡がある。近くに刑死者の菩提を弔うため建立された〝首切地蔵〟や刑死者の供養のために創建された〝小塚原回向院〟がある。

・小塚原刑場跡

跡地のブロック塀に「小塚原刑場跡」と題した次のような説明板が張り付けてある。

「此の地附近は徳川幕府初期頃より重罪者の刑場に宛てた所で昔は〝浅草はりつけ場〟と称せられていた。刑場として開創されてから二百二十余年の間埋葬された屍体は実に二十余万と称せられるが大部分は重罪者の屍体であった。寛文七年（一六六七）刑死者の菩提を弔うため一寺を草創した。これが現在の史蹟小塚原回向院である。幕法よりすれば憂国の志士も盗賊、放火の罪人も等しく幕府の大罪人であって、これらの大罪人が伝馬町の牢獄なり、小塚原の刑場に於いて仕置きとなる時は、その遺体は非人頭に下げられ、この境内に取捨てとなった。故に埋葬とは名のみであって土中に浅く穴を掘りその上にうすく土をかけおくだけであったから、雨水に洗われて手肢の土中より露れ出ること等決して珍しくなく特に暑中の頃は臭気紛々として鼻をつき野犬やいたちなどが死体を喰い残月に嘯く様は、この世ながらの修羅場であった。文政五年（一八二二）南部家の臣であった相馬大作、関良助の屍を埋めてより国事犯の刑死者の屍体をここに埋める事になり、即ち安政の大獄（一八五〇）以降、櫻田門事件、坂下門事件の橋本左内、吉田松陰、頼三樹三郎、其の他、憂国の志士の屍は大抵此処に埋葬されたのである。最近では二・二六事件の磯部浅一の墓もある。（後略）」

・首切地蔵（延命地蔵）

小塚原刑場跡に横に高さ3・6メートルの大地蔵（座像）がある。寛保元年8月（1741）に造立された石造の延命地蔵菩薩で、台座に施主名の他、「奉納経 天下泰平 国土安穏」とあり、法華経の納経が行われたことが窺えるという。俗に〝首切地蔵〟と称し、刑死者や行倒人等の無縁供養のため造られたといわれ、日光道中沿いにあったため、江戸に出入りする多くの人がこの地蔵の前で手を合わせたという。

・小塚原回向院

小塚原刑場跡から少し行くと、刑死者の菩提を弔うため草創された小塚原回向院がある。入口に、「回向院は、寛文七年（一六六七）、本所回向院の住職弟誉義観《ていよぎかん》が、行路病死者や刑死者の供養のために開いた寺で、当時は常行堂と称していた。安政の大獄により刑死した橋本左内・吉田松陰・頼三樹三郎《らいみきさぶろう》ら多くの志士たちが葬られている。明和八年（一七七一）蘭学者杉田玄白・中川淳庵・前野良沢らが、小塚原で刑死者の解剖に立ち合った。後に〝解体新書《かいたいしんしょ》〟を翻訳し、日本医学史上におおきな功績を残したことを記念して、大正十一年に観臓記念碑が建立された」とある。

中に入ると右手壁面に〝観臓記念碑〟が取り付けてある。ここに次のような「蘭学を生んだ解体の記念に」と題した説明が添えてある。

「一七七一年・明和八年三月四日に杉田玄白・前野良沢・中川淳庵がここへ腑分を見に来た。それまでにも解体を見た人はあったが、玄白等はオランダ語の解剖書ターヘル・アナトミアを持って来て、その図を実物とひきくらべ、その正確なのにおどろいた。その帰りみち三人は発憤してこの本を日本の医者のために訳そうと決心し、さっそくあくる日からとりかかった。そして苦心のすえ、ついに一七七四年・安永三年八月に、〝解体新書〟五巻をつくり上げた。これが西洋の学術書の本格的な翻訳のはじめで、これから蘭学がさかんになり、日本の近代文化がめばえるきっかけとなった。さきに一九二二年奨進医会が観臓記念碑を本堂裏に建てたが、一九四五年二月二十五日戦災をうけたので、解体新書の絵とびらをかたどった浮彫青銅板だけをここへ移して、あらたに建てなおした。日本医史学会・日本医学会・日本医師会」

奥に進むと、当山檀信徒の墓所と区分された一画に、史跡エリアとして憂国の志士たちの墓が並んでいる。ここに「小塚原の刑場跡」と題して次のように書いてある。

「小塚原の刑場は、寛文7年（1667）以前に浅草聖天町（現台東区）辺りから移転してきたといわれ、間口60間（約108メートル）、奥行き30間余り（約54メートル）、約1800坪の敷地だった。日光道中に面していたが、周囲は草むらだったといわれ、浅草山谷町と千住宿の間の町並みが途切れている場所に位置していた。小塚原の刑場では、火罪・磔・獄門などの刑罰が執り行われるだけでなく、刑死者や行倒人等の無縁の死者の埋葬も行われた。時に刑死者の遺体を用いて行われた刀の試し切りや腑分け（解剖）も実施され、徳川家の馬が死んだ後の埋葬地として利用されることもあった。（後略）」（要約）

この史蹟エリアに、相馬大作供養碑、安政の大獄により刑死した橋本左内、吉田松陰、頼三樹三郎など多くの志士たちの墓が並んでいる。

＊日光街道を歩いたのが平成15年7月。この後、平成27年7月、浅草に行ったとき小塚原刑場跡に立寄ってみると首切地蔵周りの様子が違っていて、小塚原刑場跡のブロック塀にあった説明板も見当たらなかった。

平成23年3月11日の東日本大震災で被災し、延命地蔵の左腕が落下、胴体部分も大きくズレが生じ解体されていたが、多くの方々の支援を受けて同24年修復工事が完了したとのこと。ブロック塀にあった説明板は、実態を生々しく表現したものとして貴重だと思ったが、見当たらなかった。学校で解体新書と杉田玄白のことを習った記憶はある。それにしても当時の治安維持・統制の厳しさ、そして法度を破った者への厳しい仕置きの実態が記された説明板だった。

▼鈴ヶ森刑場跡▲

東海道の品川宿を過ぎると国道15号から分かれ、京浜急行の線路に沿って昔ながらの旧街道らしい道を歩く。そして立会川駅の先で小さな川に架かる浜川橋を渡るが、この橋はまたの名を〝涙橋〟という。ここから10分ほど歩くと街道筋に、泣く子も黙るといわれた鈴ヶ森刑場跡がある。

・涙橋の由来

説明によると、慶安4年（1651）、品川に仕置場（鈴ヶ森刑場）が設けられたが、ここで処刑される罪人は裸馬に乗せられて江戸府内から刑場に護送されてきた。この時、親族らがひそかに見送りにきて、この橋で共に涙を流しながら別れたということから涙橋と呼ばれるようになったという。

・鈴ヶ森刑場跡

大経寺の横にこの跡地がある。入口近くに、刺殺処刑者用の〝磔台〟と火炙処刑に使用した〝火炙台〟がある。

磔台には「丸橋忠弥を初め罪人がこの台の上で処刑された。真中の穴に丈余の角柱が立てられ、その上部に縛りつけて刺殺したのである」、火炙台には「八百屋お七を初め火炙の処刑者は皆この石上で生きたまゝ焼き殺された。真中の穴に鉄柱を立て足下に薪をつみ縛りつけて処刑されたのである」とある。

この跡地の真ん中に「都旧跡 鈴ヶ森遺跡」碑が建っていて次のように書いてある。

「寛政十一年（一七九九）の大井村〝村方明細書上〟の写によると、慶安四年（一六五一）に開設された御仕置場で、東海道に面しており、規模は元禄八年（一六九五）に実施された検地では、間口四〇間（七四メートル）、奥行九間（一六・二メートル）であったという。歌舞伎の舞台でおなじみのひげ題目を刻んだ石碑は、元禄六年（一六九三）池上本門寺日顗の記した題目供養碑で、処刑者の供養のために建てられたものである。大経寺境内には、火あぶりや、はりつけに使用したという岩石が残っている。ここで処刑された者のうち、丸橋忠弥、天一坊、白井権八、八百屋お七、白木屋お駒などは演劇などによってよく知られている。江戸刑制史上、小塚原とともに重要な遺跡である。東京都教育委員会」

この他、首洗いの井、受刑者の墓、無縁供養塔などがある。反対側には大きな「東京都史蹟・鈴ヶ森刑場遺跡」の標柱が立っている。見せしめのために人通りの多い東海道沿いに置かれていたようで、明治４年（１８７１）の閉鎖まで10万～20万人の罪人がここで処刑されたといわれている。

＊中山道筋の駒込の大圓寺境内に、〝生きたまゝ焼き殺された〟という〝八百屋お七〟を供養する〝ほうろく地蔵〟がある。

説明によると、天和２年（１６８２）におきた天和の大火の後、恋仲になった寺小姓恋しさに放火の大罪を犯し、火あぶりの刑を受けた〝お七〟を供養するために建立されたお地蔵様で、寺の由来書によると、お七の罪業を救うために、熱した炮烙《ほうろく》（素焼きの浅い土鍋）を頭にかぶり、自ら焦熱の苦しみを受けたとされている。享保４年（１７１９）にお七供養のために、渡辺九兵衛という人が寄進したといわれ、その後、頭痛・眼病・耳・鼻の病など首から上の病気を治す霊験あらかたなお地蔵様として有名になったとのこと。

第3章　美しい日本の木造建築

日本の木造建築

　神社・仏閣をはじめ、日本の歴史と文化を残す茅葺の家や格子戸造り、重厚な土蔵造りの建物がかつての宿場町などに数多く残っている。この多くは伝統的建造物群保存地区として保存されている。この美しい日本の伝統的な木造建築の〝町家造り〟〝屋根の形状・素材〟〝建物の出入口〟などに興味を抱いたので整理してみた。

▼町家造り▲

　町家は農家に対する町人の住居で、商いの場を兼ねた町家は商家とも呼ばれている。この町家にみられる建築様式に土蔵造り、格子戸造り、卯建《うだつ》、海鼠壁《なまこかべ》、虫籠窓《むしかごまど》などがあり、古い町並みの風情を色濃く感じさせるものがある。

・土蔵造り

　土蔵造りは土壁を漆喰で仕上げた日本の伝統的な建築様式の一つで、蔵造りともいわれ防火構造の建物になっている。川越市の重厚な蔵造りの町並みは、明治26年（1893）の大火を契機に築かれたという。また、絞りの伝統と歴史を残す東海道の〝有松〟や北陸道の高岡市の商人の町〝山町筋〟といった商店が集まっているところに多く見られる。川越市と高岡市の町並みは、伝統的建造物群保存地区に指定されている。

・格子戸造り

採光と通風を確保しつつ、外部からの侵入と視界を遮る建築様式として宿場町で多く見られる。また、大名屋敷や城郭などでは、敵の侵入などを防ぐため太めの角材で造られている。格子造りの家が建ち並ぶ代表的な宿場町としては、東海道の関宿、中山道の奈良井宿、妻籠宿などがある。

＊伊勢街道を歩いたある年の暮れのこと、ご主人が格子戸を洗っている間口が広い格子造りの家があった。「この家には代々200年近く住んでいて私で7代目になる」とのこと。日本の木造建築は技術・材料とも最高といわれており、素晴らしいと思った。我々は今、便利さばかりを追求し、物を大切にして長く使うという精神が失われつつあるのではと考えさせられる。

・卯建

屋根の両端を一段と高く上げた小屋根をつけた土壁をいう。燐家との境に装飾を兼ねて設けた一種の防火壁で、豊かな家でなければ〝うだつ〟を上げられなかったことから〝うだつがあがらない〟は出世ができない、身分がぱっとしない、という意味に転じたといわれている。中山道の大妻籠や中津川で原型を残す卯建を見ることができる。

・海鼠壁

土蔵などの壁塗りの様式の一つで、壁面に四角い平瓦を並べて貼り、目地と呼ばれる継ぎ目に漆喰をかまぼこ型に盛り上げて塗ってある点が特色。その断面が海鼠に似ていることから海鼠壁と呼ばれている。蔵造りといえば海鼠壁がつきもので、その模様に独特の美しさがある。土壁は耐火的に優れているが風雨にさらされることによって崩落する危険性があるので、この海鼠壁という工法が昔から使われているという。

・虫籠窓

町家の中2階の壁面に造られた虫籠のような細かい縦格子の窓で、木材の格子に荒縄を巻き、防火のために土と漆喰が塗ってある。土蔵造りの家でよく見かける窓だが、もともとは平屋の屋根裏に造った物置の、採光と通風のための窓が虫籠窓へと発展していったといわれている。

▼屋根の形状・素材▲

〈形状〉（次頁図参照）

伊勢街道の資料に「街道沿いに切妻・妻入りの家が多いのは、伊勢神宮が切妻・平入りなのでこれに遠慮したため」とのこと。調べてみると屋根の形状には切妻、寄棟、入母屋の三つの型があって、古来より切妻造りは寄棟造りより尊ばれ、その組み合わせである入母屋造はもっとも格式が高い形式として重んじられているという。

・切妻造り

二つの傾斜面が本を伏せたような山形の形状をした屋根。日本で多く用いられている一般的な屋根で、新潟県の出雲崎が〝切妻造りの町並み〟で有名。

・寄棟造り

4方向に傾斜する屋根面をもつ形状の屋根。日本では切妻造りに次いで多く用いられているが、雨の流れがよく雨仕舞いに優れる一方、屋根部に垂直面がないため、切妻造や入母屋造と比較して屋根裏の換気が悪くなりがちとのこと。例として東大寺大仏殿、唐招提寺金堂が寄棟造りになっている。

・入母屋造り

屋根の上部が切妻造り、下部が寄棟造りの屋根で、神社・仏閣に多く見られるとのこと。例として善光寺山門、東寺、平城宮が入母屋造りになっている。

〈素材〉

屋根の素材には、もっとも原初的とされる茅葺、奈良時代以降にみられるという柿葺《こけらぶき》、檜皮葺《ひわだぶき》、

〔屋根の形状〕

切妻造り

寄棟造り

入母屋造り

飛鳥時代に寺院建築の技術と共に伝来したという瓦葺がある。

・茅葺

茅葺のカヤは、チガヤ、スゲ、ススキなど屋根を葺くのに用いる草木の総称で、稲藁も含んでいる。この茅葺は世界各地でもっとも原初的な屋根とされている。日本でも縄文時代には茅を用いた屋根だけの住居が作られていたとされ、弥生時代以前の遺跡で復元される竪穴式住居の屋根は通常茅葺とされている。一方、火災に弱いという短所が嫌われ、都市部や街道沿いの町家などでは瓦の普及などによって姿を消し、江戸の市街地などでは茅葺が禁じられていたところもあったといわれている。農村部では材料のススキ・チガヤ・稲藁などの入手が容易であり、農閑期に共同作業で材料の入手と屋根の補修を行うことができたため、20世紀中頃まで日本各地の山間部の農村には茅葺が数多く残っていた。今も街道筋で見かけることがあるが、茅葺屋根の家が軒を連ねる会津西街道の〝大内宿〟は、山村集落の面影を残す代表的な宿場の一つだろう。伝統的建造物群保存地区に指定されている。

・柿葺

小さな薄い板を何枚も重ね合わせて屋根を葺く板葺の一種で、スギ、サワラ、ヒバなどが使われるという。板葺の歴史は茅葺に次いで古く、法隆寺五重塔の屋根にも使用されていることから、古墳時代から屋根材として使用されはじめ、最も薄い板を用いる柿葺は平安時代初期に使用されはじめたといわれている。現存する板葺の文化財は多くが柿葺で、代表的建築物として金閣寺、銀閣寺がある。柿は木片・木屑の意味。

・檜皮葺

檜の樹皮を使って屋根を葺く工法で、古来より用いられてきた伝統的工法として7世紀後半の文献に記録があるとのこと。仕上がりの美しさの半面、材料の入手や施工に手間がかかる高級屋根材として出雲大社や日吉大社、京都御所など格式の高い神社や御所などに用いられている。

・瓦葺

日本に仏教が伝来したのは飛鳥時代の530～550年頃。これに併せ寺院建築の技術とともに伝来したといわれている。この瓦職人も寺院が抱える技術者であったため、寺院以外に広まることはほとんどなかったという。

戦国時代になって織田信長は比叡山の焼き討ちなどで寺社を破壊したため、寺院が抱えていた瓦職人が解放され、瓦屋根は武士の建物にも広まったといわれている。また、防火性に優れているため城郭建設を含め瓦屋根は武家の屋根として位置づけられ、町民・農民には禁止されていたようだが、江戸時代後期になると度重なる大火による被害から町家などの建物にも瓦葺が用いられている。

現存する最古の木造建築の法隆寺は瓦葺であるが、東大寺大仏殿は瓦の重量が建物の負担となり瓦の数を減らすなどしたが雨漏り等の問題が発生、昭和55年に現代の技術で軽量化された瓦が採用されたという。

▼建物の出入口▲

建物の長辺側の面を〝平〟、短辺側あるいは屋根の棟と直角な面を〝妻〟といい、いずれに正面出入口があるかによって〝平入り〟〝妻入り〟に分類されている。

・平入り

伊勢神宮をはじめ、神社仏閣に多く見られる。とくに寺院建築では見栄えがよく落ち着いた長手方向を正面とし、仏像の配置から〝平入り〟が一般的といわれている。

・妻入り

伊勢街道の町並みや、切妻造りの家が軒を連ねる出雲崎の町並みにその面影を見ることができる。〝妻〟は建物の中心に対する端《つま》を語源とし、配偶者の妻が家屋の〝つまや〟にいたことから名付けられたという。料理の添え物として用いられる〝刺身のつま〟も同じ意味をもつとのこと。

歴史を語る町並み

今も往時の面影を色濃く残す町並みが旧街道の宿場町に残っている。なかでも伝統的建造物群保存地区に指定されている名の通った宿場町として、東海道の関宿、中山道の奈良井宿・妻籠宿、北国街道の海野宿、会津街道の大内宿、若狭街道の熊川宿、等々あるが、ここでは、これら以外の印象に残った町並みを北から拾ってみた。

▼武家屋敷が残る〝水沢〟▲

水沢駅の近くの大畑地区に、立派な屋敷〝高野長英旧宅〟（国史跡）、隣に武家屋敷〝高橋家〟がある。江戸時代この大畑小路から日高小路通り、新小路通りにかけて武家屋敷が配置されていたといわれ、今も小幡家、阿部家、吉田家の武家住宅が残っている。屋敷構えや屋敷内に生い茂る老松などの樹木に江戸時代の武家屋敷景観をとどめている。小路にはブロック石がきれいに敷かれ、往時の雰囲気が漂う町並みの一つといえよう。〝みちのくの小京都〟とも称されている。（奥州街道、水沢市・現奥州市）

▼千石船産業の基地〝宿根木〟▲

佐渡の宿根木は船大工をはじめ造船技術者が居住し千石船産業の基地として繁栄した町で、船主が先頭となって全国各地へ乗り出して商いを続けたといわれている。この時代の集落形態が今の宿根木の町並みに残っている。家と家の間隔が狭く集落内を通る道もとにかく狭い。この密集度は凄く、建物に船板や船釘を使った家や、船の形をした三角形の家もあり、これらは千石船の面影をしのばせるものである。伝統的建造物群保存地区になっている。（北国街道、佐渡市）

＊江戸時代に迷い込んだような東海道の〝有松の町並み〟、格子戸造りの町家が軒を連ねる〝関宿の町並み〟を訪れたとき、今も日本にこんな町があったのかと驚いたが、宿根木の町並みもこれに匹敵するものだった。

▼妻入りの町並み〝出雲崎〟▲

江戸時代、佐渡金銀の陸揚げ港として、また北前船の寄港地として栄えた出雲崎は、距離にして約3・6キロの街道沿いに2万〜3万人が住んでいたといわれている。家々は新しく建て替えられているが、往時を思わせる〝妻入りの町並み〟が今に残っている。狭い土地を有効に使うため、街道に面して間口が狭く奥行きが長いうなぎの寝床のような〝妻入り〟の家が建ち並んでいたとのこと。高台から出雲崎の町を眺めると、屋根がみんな同じ方向に向いている。この妻入りの建築様式は多くの人が居住できるように、間口の広さで税金が掛けられたからといわれている。（北国街道、新潟県）

＊奈良井宿で泊まった民宿は、間口が狭い〝平入り〟造りで、中庭を挟んで奥に細長い建物が継ぎ足してあった。間口の広さに応じて税金として人足がかり出されたので、家々は建て替えるたびに間口を狭くして現在のような〝うなぎの寝床〟型になったという。

▼蔵造り〝小江戸川越〟▲

川越城下の〝札の辻〟交差点から本川越駅に向かうと、蔵造りの建物が400メートル近く軒を連ねる一画がある。この川越の〝蔵造りの町並み〟は東京では見ることができない江戸の面影を今にとどめ、〝小江戸川越〟として歴史散策スポットになっている。この重厚な蔵造りは、明治26年（1893）の大火を契機に築かれたという。次代に伝える貴重な文化財として伝統的建造物群保存地区に指定されている。（川越街道）

▼北前船で栄えた海商の町〝東岩瀬宿〟▲

神通川の河口に位置する東岩瀬は加賀藩の港町・宿場町として栄えた町。東岩瀬に差し掛かるとガラッと雰囲気が変わる。北前船回船問屋・森家をはじめ船主、肥料商、北洋漁業で活躍した多くの旧家が軒を連ねていて、日本海で活躍した北前船による交易は幕末から明治にかけて最盛期にあったという。森家は回船問屋の代表的な建物で建設当時のたたずまいを残す屋敷として重要文化財になっている。特徴として当地から積み出す船荷のため玄関から裏の船着場まで土間廊下が通じているとのこと。（北国街道、富山市）

▼土蔵造りの町並み〝山町筋〟▲

高岡市中心街〝山町筋〟に差し掛かると、商家の土蔵造りの家が建ち並ぶ一画がある。前田利長が隠居城と城下町を建造したとき、北国街道に面する商人の町として栄えたところで、見ごたえある土蔵造りの町並みが６００メートルくらいつづく。明治33年（１９００）の大火の後、山町筋などの繁華街は防火構造の建造物とすることが義務づけられたという。伝統的建造物群保存地区に指定されている。（北国街道、高岡市）

▼金沢の茶屋街〝ひがし茶屋〟▲

金沢城下の東側入口に来たところで街道筋から裏道に一歩足を踏み入れると、加賀百万石城下町の風情を今にとどめる〝ひがし茶屋街〟がある。ここに「東山ひがし」と題して次のような説明がある。

「藩政時代、金沢城下への入口にあたる北国街道の浅野川・犀川両大橋界隈には、お茶屋が建ち並んでいた。文政三年（一八二〇）になり、正式に加賀藩の許しを得てこの〝ひがし〟の茶屋町が犀川外の〝にし〟と共に開かれ、以来城下随一のにぎわいを見せた。通りに面して一階を揃いの出格子、座敷を備える背の高い二階を吹放しの縁側とする姿のお茶屋が並ぶ町並みは、藩政末期以来の茶屋町の特徴を良く残している。今も夕暮れ時には芸妓衆が行き交い、どこからともなく笛や三弦の音が聞こえる風情あふれる茶屋町である」

伝統的建造物群保存地区に指定されている。金沢城下の西側入口に〝にし茶屋〟がある。

▼金沢の茶屋街〝主計町《かずえまち》〟▲

ひがし茶屋をあとに浅野川を渡ると、右手・浅野川大橋の畔に〝主計町〟の茶屋街がある。加賀藩士・富田主計の屋敷があったことから主計町と呼ばれ、今も料亭の木格子に往時の面影を色濃く残しているという。この入口に次のような説明がある。

「藩政時代、金沢城下に入る浅野川大橋の畔のこの界隈は、人や物資が行き交う大変繁華な場所であった。明治も中ほどになると〝ひがし〟や〝にし〟と並ぶ茶屋町として大いに賑わったとされ、そのころの様子は、隣町の下新町に生まれ育った泉鏡花の作品に良く描かれるところとなった。通りに面して一階を揃いの出格子とし、背の高い二階には吹放しの縁側と座敷を備える姿は茶屋建築の特徴を良く残すとともに、その多くは明治後期以降に三階建とされた珍しい姿を見せている。今も夕暮れ時には、軒を連ねる茶屋の明かりが川面を照らし、どこからともなく笛や三弦の音が聞こえる風情あふれる茶屋町である」

平成20年に伝統的建造物群保存地区に指定されている。（北国街道）

＊泉鏡花記念館から「あかり坂」と「暗がり坂」二つの坂で繋がる〝主計町の茶屋街〟は、車が入れない狭い路地に料亭などがぎっしり軒を連ねており、他の茶屋街にない独特な風情を醸し出している。

▼土塀がつづく金沢の武家屋敷跡〝長町〟▲

金沢の中心街の近くの長町界隈に加賀藩士の中・下級武士の武家屋敷跡がある。説明によると、このあたりでは、平士と呼ばれる加賀藩では中位の藩士が多く、20余家を数えることができるとのこと。藩士の職名は馬廻役、小姓組、近習衆、ほかに普請奉行、改作奉行付、門番役、藩校関係、算用場、産物方と多くの職種の藩士が居住した。加賀藩では、知行高によって拝領する宅地の面積が決められており、例えば、100石から200石までは200坪、300石から400石までは300坪、500石から700石までは400坪、800石から千石までは500坪、等々という広さで、住居の周囲は土塀をめぐらし、高禄になると長屋門、物見などが設けられ、邸内に小者部屋、厩のあるのが通例となっていたという。

＊土塀は京都や奈良のようには高くなく、この路地裏の土塀が続く町並みも歴史の町・金沢の見所の一つになっている。

▼加賀藩の秘策〝忍者寺〟▲

金沢城下の西外れに複雑な建築構造をもつ〝忍者寺〟がある。説明によると、寺の名称は加賀百万石祈願所として建立された正久山・妙立寺で、外観は2階建てだが、内部は4階建て7層になっている。建立当時は3階建て以上の建築は禁止されていたようで、中2階、中々2階など複雑な構造の中に、部屋数が23、階段数が29もあり、最上階の物見台ともとれる望楼は各方面を遠望でき、金沢城への逃げ道といわれる大井戸など、出城としての要素を数多く秘め、また〝忍者寺〟といわれる仕掛けも散在している。しかし、忍者の寺として建立したものではなく、公儀隠密や外敵の目をあざむくために装備されたもので、堂内のあちこちが迷路のようになっている。

▼絞りの産地〝有松〟▲

東海道を桶狭間から鳴海に向かうと、間の宿として知られる〝有松〟の町がある。街道沿いに海鼠壁の土蔵、格子造り、土蔵造り、隣家との境に設けた卯建、2階には虫籠窓といった江戸時代さながらの建物が左右に建ち並んでいる。この有松は尾張藩の加護のもと、絞りの産地として繁栄した町で、今も〝有松絞り〟の問屋や小売の店が軒を並べ、絞りの伝統と歴史がこの町並みとともに今に続いている。（名古屋市）

＊とにかく町並みの景観はすばらしい。「江戸時代に迷い込んだような有松の町並み」といわれている。天明4年（1784）に大火に見舞われた後に土蔵造りの建物が造られたという。

▼比叡山延暦寺の門前町〝坂本〟▲

門前町〝坂本〟には延暦寺の里坊《さとぼう》のみならず、街角の神社や古い民家の石塀などに特異な石積みがみられる。これは「穴太衆積《あのうしゅうづ》み」と呼ばれ、坂本の大字「穴太」の一帯に古来より居住し山門の土木営繕的な御用を務めていた〝穴太衆〟の技術によるものといわれている。この里坊群を中心と

した一画は、伝統的建造物群保存地区に指定されている。（若狭九里半街道、大津市）

＊比叡山坂本駅から日吉大社の参道が西に真っ直ぐ延びていて、この鳥居をくぐって日吉大社に向かうと、参道脇に石垣が現れてくる。両脇の石積みに囲まれた建物は〝里坊〟といって山上の坊に対する里の住まいで、環境の厳しい山上での修行を積んだ僧が高齢になり、天台座主の許可を得て隠居所として住んだ場所といわれている。こうした里坊は坂本のあちこちにみられ、また〝造り道〟と呼ばれる通りには延暦寺に関係する職人や商人、延暦寺へ参拝する人のための宿などが建ち並び、坂本は延暦寺を支える町としての役割を果たし栄えてきたといわれている。

＊比叡山の麓にある日吉大社は全国3800余の日吉・日枝・山王神社の総本宮で、平安京遷都の際、都の表鬼門にあたることから、都の魔除・災難除を祈る社として、また比叡山に延暦寺が開かれてからは天台宗の護法神として崇敬を受け、今日に至っているという。坂本の町並みは、比叡山延暦寺、日吉大社の門前町として独特の歴史的景観をとどめている。

▼但馬の小京都〝出石《いずし》〟▲

出石は〝古事記〟〝日本書紀〟にも登場する古い町で、但馬開発の祖神〝天日槍〟がこの地を拓いたと伝えられている。室町時代には、山名時氏が但馬を制圧、その子時義が此隅山に本拠を構えたことにより、出石は但馬の中心として繁栄したという。戦国時代に入り織田軍に攻められ此隅山城は落城。その後、慶長9年（1604）、小出吉英が有子山頂から山裾に出石城を築城。このとき城下町も整備され出石の町並みが形成されたといわれている。一国一城令により出石城が但馬国

唯一の城郭となっている。伝統的建造物群保存地区に指定されている。(丹後街道、豊岡市)

＊丹後街道筋の豊岡市中心街から少し南に〝但馬の小京都〟で知られる出石城下町がある。出石の町並みは出石城跡から北に碁盤の目のように広がっている。但馬の小京都〝出石〟といわれる由縁だろう。辰鼓楼が建つ内堀通りはなかなか情緒ある風景で出石のシンボル的景観だ。昔ながらの町並みがよく残っている。３００年の伝統が育んだ「出石皿そば」が有名。

▼山陰の小京都〝津和野〟▲

津和野は島根県の西南部に位置し、約７００年の歴史を秘めた城下町。殿町周辺は城下町の雰囲気を残し、養老館跡や町役場・多胡家老門など、昔の門構えと海鼠塀の家が並んでいる。カトリック教会も殿町の景色の中に溶け込んでおり、道沿いの掘割を色とりどりの錦鯉が泳ぐ姿も津和野ならではの風情といわれている。

＊山陰道は島根県益田市から冠山山地西端を越えて瀬戸内海の小郡で山陽道と合流する。津和野はこの途中、山口県との県境・野坂峠を控えた山あいの旧宿場町で、きれいにブロック石で舗装された旧街道がこの街中を真っ直ぐ南に突き抜けている。ここに華泉醸造元、蔵元橋本本店、初陣蔵元といった酒造会社が建ち並び、商人町を過ぎると海鼠塀や大岡家老門を残す建物、津和野藩校養老館、津和野藩家老多胡家表門といった武家屋敷街がつづく。この辺は殿町といわれ城下町の中心部。津和野川を渡ると草刈代官門を残す津和野町郷土館、筆頭庄屋屋敷だったという杜塾美術館がある。このように津和野は城下町の面影をよくとどめていて、この風情ある町並みは〝山陰の小京

都〟といわれている。

この津和野には医学博士、文学博士の森鷗外の出身地で、10歳で上京するまで過ごしたという森鷗外旧宅、津和野川をわたった反対側には哲学界の先駆者として知られる西周《にしあまね》の旧宅がある。いずれも国史跡になっている。

▼明治維新胎動の地〝萩城下町〟▲

関ヶ原の合戦の敗戦で、西軍の大将であった毛利輝元は、長門・周防2国に移封され、慶長9年（1604）に萩の指月山に新たに居城を築くとともに、並行して城下町を建設している。周辺は今も江戸時代の地図がそのまま使える程町筋が残っているといわれ、菊屋横町、伊勢屋横町、江戸屋横町と呼ばれる小路には往時の面影を多くとどめているという。（萩往還、萩市）

＊萩城下町周辺は、国史跡になっているだけあって、高杉晋作をはじめ幕末志士の誕生地や旧宅地が建ち並び、さらに藩の御用達を務めた豪商・菊屋家住宅（重要文化財）、旧武家屋敷跡、この白壁土塀と石垣がつづく萩城下の町並みは素晴らしい。詳細は「第6章　長州藩と〝萩城下町〟」に記載。

▼塩飽《しわく》水軍の本拠地〝本島・笠島地区〟▲

瀬戸内海に点在する塩飽諸島の島で、笠島地区は本島の北東部に位置し、三方を山で囲まれた、天然の良港が開ける小さな港町。この港は塩飽諸島内で最良のものとされ、中世以来、塩飽水軍、塩飽廻船の根拠地として繁栄してきたといわれている。

笠島の町並みは、江戸時代後期から昭和初期にかけて形成された伝統的建造物群と地区内を網の目のように走る道路から構成されており、格子構えに虫籠窓を設けた木造本瓦葺き2階建ての町家建築が建ち並び、通りを外れると入母屋造りの農家風の建物がみられるという。（讃岐街道、丸亀市）

＊讃岐街道の丸亀からフェリーで瀬戸大橋の周りに浮かぶ塩飽諸島の本島に渡ると、戦国時代に活躍した塩飽水軍の本拠地として栄華を極めた笠島地区がある。

天然の小さな港町で、通りに面して格子造りや虫籠窓を設けた昔風造りの家が建ち並んでいる。この一画に幕末時代に塩飽全島を統率していた塩飽勤番所（重要文化財）がある。寛政10年（1798）の建築で、文久2年（1862）に改築したものが復元されている。昭和60年に伝統的建造物群保存地区に指定されている。

千石船産業の基地としてとして繁栄した佐渡の宿根木と同じように、瀬戸大橋の周りに浮かぶ小さな島にこうした町並みが残っているのに驚かされる。

▼土佐漆喰と水切り瓦の美しい〝吉良川の町並み〟▲

明治から大正にかけて製炭業で栄えた吉良川には、往時をしのばせる商家の町並みが今も残っている。とくに土佐漆喰の白壁やそれを守る役割をもつ〝水切り瓦〟や〝いしぐろ〟と呼ばれる石垣など、高知の厳しい気候風土に備えた建築様式が特徴で、高知県で唯一の伝統的建造物群保存地区でもある。（土佐街道、室戸市）

＊室戸岬から土佐湾に沿って奈半利に向かうと、途中で土佐漆喰と水切り瓦の美しい吉良川の町を通る。国道から山側の道に入ると、周囲に〝いしぐろ〟と呼ばれる頑丈な石垣塀を巡らせた家々がある。浜や河原の石を利用して作った石垣塀は常襲する台風の強風から家を守っているとのこと。一歩海側の道に戻ると、土蔵造りや格子造りの家々が軒を連ね、強い雨風から壁面を守る土佐漆喰と水切り瓦の美しい伝統的建築を見ることができる。

土佐漆喰は消石灰にネズサ（発酵したワラスサ）を加えて水ごねしたもので、糊を含まないため塗りつけた後、水に濡れても戻りがなく厚塗りが可能とのこと。また、強い雨風などの厳しい自然環境から家屋を守るために、水切り瓦という雨仕舞いのための独自の工法が発達。水切り瓦の小さな庇は壁面へ直接雨が掛かるのを避け、漆喰の白壁を保護する役目を果たしているという。町の出口で国道に合流すると伝統的建造物群保存地区の案内があった。台風が多い四国南岸地方ならではの町並みで、四国で初めて見た昔の面影を残す町並みだった。

▼木蠟・和紙の生産で栄えた〝内子〟▲

内子は江戸時代の中期から在郷町として栄えた町で、肱川支流に点在する集落で生産された和紙は六日市、八日市の商家を経て阪神地方へ出荷され、大洲藩の財政の一端を担っていたという。また江戸時代の末期から明治時代には、櫨《はぜ》の実から搾出した木蝋《もくろう》を良質の晒蝋《さらしろう》に精製し、広く海外にまで輸出するなど、地場産業として大いに繁栄したといわれている。

八日市・護国の伝統的な町並みは、かつて金毘羅参詣や四国遍路の旅人が行き交ったところで、蝋商芳我家を中心に、2階建て、平入り、瓦葺の主屋が600メートルにわたってつづく。伝統的な建物の多くは江戸時代末期から明治時代に建てられたもので、白あるいは黄色味を帯びた漆喰の大壁造りになっていて、正面は蔀戸《しとみど》や格子の構えで袖壁をつけ、往時の姿をよくとどめているという。（大洲街道、愛媛県喜多郡）

＊愛媛県の大洲から内子線に沿って内陸に向かうと、木蠟・和紙の生産で栄えた〝内子〟の町がある。愛媛県南予地方に位置し、街道筋に沿って廿日市、六日市、八日市と続く内子町の〝八日市護国〟の町並みは昭和57年に伝統的建造物群保存地区に指定されている。この内子は和ローソクの産地で、店が多いこともあって土蔵造りが多く見受けられる。入口近くに大正天皇即位の大典を記念して建てられた芝居小屋・内子座があり、この内子座から1キロ近く続く町並みは素晴らしい。伝統的建造物群保存地区を色々見てきたが他との違いを感じるものがあった。

▼坂道の城下町〝杵築〟▲

杵築は松平3万2千石の城下町として古くから栄え、武家屋敷や商家が広い範囲で当時の姿をとどめているという。杵築城を中心に、南・北二つの高台に造られた勇壮な武家屋敷と、その狭間の老舗の残る商人の町とが織り成す凸凹のある「サンドイッチ型城下町」は日本唯一とのこと。この高台に造られた武家屋敷と谷間にある商人の町とをつなぐ〝酢屋の坂〟や〝志保屋の坂〟は、町並みの形状がよくわかる絶景ポイントとして、テレビドラマなどでもよく使われているらしい。また、全国初の「きものが似合う歴史的町並み」にも認定されている。（日向街道、大分県杵築市）

＊日向街道の中津城をあとに国東半島を横断すると、海と断崖に囲まれた台地に築かれた杵築城がある。この城下町は東西に3本の道が通っていて、北側の高台に北台武家屋敷通り、南側の高台に南台武家屋敷通り、谷間となる真ん中に商人の町が通っている。この商人の町の通りは、南台とは天神坂、飴屋の坂、志保屋の坂で、北台とは酢屋の坂や勘定の坂で繋がっていて、「坂道の城下町」や「サンドイッチ型城下町」といわれている。

南台武家屋敷通りから志保屋の坂を下ると、18世紀終わりごろの建築という豪商「志保屋の屋敷」がある。酢屋の坂を上って北台家老丁と呼ばれた北台武家屋敷通りに来ると、昔の面影をとどめる立派な茅葺の屋根の大原邸がある。このように武家屋敷や商家が当時の姿をよくとどめている。とくに、東西3本の道がきれいな坂道で繋がる町並みは中々風情があるが、大雨のとき谷間の商人の町の通りは大丈夫なのだろうかと思う。

▼国際色豊かな〝臼杵〟▲

16世紀半ばにキリシタン大名大友宗麟（義鎮）が、臼杵湾の丹生島に城を築いてから450年余り。臼杵の城下町は当時のままの町割りと道幅を残しているといわれ、宗麟が政務を行っていた時代（1556～1587年）の臼杵は、九州の中心都市として機能し、明やポルトガルと交易を行い、今も残る唐人町には多くの外国人が住んでいたという。また、キリスト教布教の場として教会や修錬所（ノビシャド）などが築かれ、西洋文化と東洋文化が交わった国際都市を形成していたといわれている。

＊日向街道の大分市から佐賀関半島を横断して臼杵湾に出ると、大友宗麟が府内（今の大分市）から本拠地を移したという臼杵城がある。大友宗麟は明やポルトガルと交易を行っていたことから、臼杵城下には名残の唐人町や臼杵とポルトガルとの交流の歴史が描かれた〝久家の大蔵〟、臼杵に実在したとされるキリシタン修練所を模して造られた〝サーラ・デ・うすき〟、そして大友宗麟時代から街道筋としての役割を果たしたという〝二王座歴史の道〟がある。

二王座歴史の道の二王座は約9万年前の阿蘇噴火で形成された阿蘇溶結凝灰岩の丘で、街道筋を確保するため、あちこちに凝灰岩を切り割ってつくられた〝切通し〟の道が残っている。この溶結凝灰岩を削った長い切通しの道は他にない臼杵独特の景観を呈している。この地区は〝歩く歴史博物館〟ともいわれ、臼杵を代表する景観の一つとして国の都市景観100選に選ばれている。

この他、関ヶ原合戦後、廃藩置県まで一貫して臼杵藩を支配してきた稲葉家下屋敷（国有形文化財）や作家・野上弥生子文学記念館（国有形文化財）、大正時代に建てられた四軒長屋、稲葉家土蔵、旧稲葉家長屋門、等々、臼杵城下には見所が多い。

▼武家屋敷群〝出水麓〟▲

薩摩藩は鹿児島市の鶴丸城を本城とし、領内に外城《とじょう》と呼ばれる行政区画を設け統治にあたっていた。この統治の中心地を〝麓《ふもと》〟と呼んでいる。当時の出水外城の麓は平良川左岸の「向江」と市の中央にある「高屋敷」の武家地、および間に挟まれた町人地（本町・中町・紺屋町）からなっており、「高屋敷」の武家地は西南の役や太平洋戦争の戦災をも免れ〝麓〟造成時の街路や屋敷地割が良好に旧態をとどめていて、出水麓武家屋敷群として伝統的建造物群保存地区に指定されている。

＊薩摩街道を出水市中心街に入ると、近くの住宅地に出水麓武家屋敷群がある。この地区は5本の南北道路と4本の東西道路が通る大きな街区を形成し、いずれも武家門を構え、道に面して石垣を築き、その上に生垣を設けた武家屋敷が30邸近く点在。生垣や武家門が400年前と変わらぬ景観をとどめているという。一部の旧武家屋敷が公開されていて、その一つに大河ドラマ〝篤姫〟のロケ地となった竹添邸がある。

第4章　石仏・石塔と民間信仰

旧街道には由緒ある神社・仏閣に限らず、村の神社からお地蔵さん、庚申塔、馬頭観世音、道祖神、供養塔など石仏・石塔が〝みちしるべ〟のように建っている。

一方、こういった石仏・石塔を対象にした〝地蔵信仰〟や〝道祖神信仰〟をはじめ、室町時代から一般人の巡礼が盛んになったという〝観音信仰〟、「おかげ参り」と呼ばれ時に500万人もの人々が熱狂的に伊勢を目指したという〝伊勢参り〟、それに、「蟻の熊野詣」とたとえられるほど大勢の人々が列をなしたという〝熊野詣〟、捨身行ともいわれる〝普陀落信仰〟など、民間信仰や巡礼が行われていた。

石仏について

石仏と石塔の区分は難しいが、神・仏に係るものを石仏、他を石塔としてくくってみた。石仏には路傍などに見られる小さなものから、大きな仁王石像、岩山や岩窟に彫りこまれた石窟、磨崖仏などいろいろあるが、ここでは主に小さなものを取り上げてみた。

・地蔵

地蔵菩薩の略で、一般的に親しみを込めてお地蔵さん、お地蔵様と呼ばれている。宿場内の安全、悪疫の防止、旅人の道中安全を願う道祖神の性格を持つもの、子供の守り神の地蔵などがある。（詳細は後述〝地蔵信仰〟に記載）

・道祖神

集落の境や村の中心、辻、三叉路などに石碑や石像の形態で祀られる路傍の神で、村の守り神、子孫繁栄、子授けの神として信仰されている。形には自然石に男女像を浮き彫りしたものが多いが、単に文字を刻んだものものもある。

・馬頭観音

観音菩薩の変化身の一つであり、六観音の一尊にも数えられている。観音様を祀ったものだが、民間信仰では馬の守護仏としても祀られ、農耕馬や軍馬の供養塔になっている。農村では馬は大事な働き手で、馬が死んだとき、供養のために馬頭観音を建てることが多かったという。全国的に多くみられる石仏で、奥州街道の黒磯に建つ馬頭観世音に、「荷役として世話になった馬の供養と旅人の交通安全を祈り道標として建てられた石仏である」との説明が添えてあった。

・馬力神

馬の守護神で、多くは愛馬の供養塔として建てられている。相馬街道の久慈川を渡って日立市に入ると大きな馬力神が建っている。初めて見る石仏だったが、このあと所々に馬頭観世音と並んで馬力神が建っていた。この地は馬の産地であり、関東の豪族・平将門は野原に放した野馬を敵兵に見立てて軍事訓練をしたといわれている。これを起源とした馬の祭り「相馬野馬追」が相馬地方最大の行事として行われている。他で馬力神を見かけなかったので関係するのかもしれない。

・牛頭観世音

奥州街道の栃木／福島県境の境明神峠近くに馬頭観世音と並んで牛頭観世音が建っている。初めて見る石仏だった。この先にもあったが、火災で多数の牛が焼死したときに建てられた牛の供養碑と考えられている。東北地方で多く見られるのは、この地方では牛を〝べこ〟の愛称で呼んでいるように、使役で重宝していたからかもしれない。

・勝善神

奥州街道を氏家から喜連川に向かうと勝善神と刻まれた石仏が建っている。馬の神を祀ったもので、関東、東北地方で信仰の対象であったとされ、主に馬産地において名馬の誕生を祈願する信仰であったとされている。

・地神

山には山の神、田には田の神を想定して信仰していたように、大地に対する地神信仰は、太古からあったといわれている。

・水神

農耕民族にとって水は最も重要なものの一つ。多くは田のそばや用水路沿いに、また水源地などに祀られている。筆者の自宅近くの多摩川河川敷に水神の石碑が建っている。江戸時代以来、昭島・立川両市域の水田をうるおしてきた九ヶ村用水取水口で、残っている樋管は明治44年（１９１１）に築造され、水神の石碑も同年造立との説明が添えてある。

・田の神

田を守護する神で、古くから水稲耕作が行われた日本では豊作を祈願し、収穫を感謝して田の神を祀ってきた。鹿児島県の出水市野田町や日置市東市来町で見かけている。

・石敢當《せっかんとう》

中国伝来の悪魔除けの法で九州南部から沖縄・台湾にかけての路傍にあり、沖縄では家庭でも門柱、玄関などにこの3文字を書いて張る魔除けの風習が今も残っているという。石敢當は古の勇者の名で、その名を石に刻して守護神としている。臼杵市、出水市、東市来町（日置市）や西国街道の大山崎町で見た。

石塔について

街道筋で多く見られる供養塔の中から、仏塔の一種の五輪塔や宝篋印塔、板石卒塔婆のことをいう板碑、信仰に基づいて建てられた塔庚申塔、月待塔、その他に百万遍供養塔、千部供養塔、一字一石一礼供養塔をピックアップした。

▼五輪塔▲

平安中期頃から供養塔・墓塔として用いられた仏塔の一種で、密教ではこの世の根本は地と水、それが形に現れて火・風・空となると考えられている。これを表したのが五輪塔で、上から団形（宝珠）・半球形（受花）・三角形（笠石）・球形（塔身）・方形（基礎）の五輪を積み〝空・風・火・水・地〟を表している。形はインドが発祥で、お骨を入れる容器として使われていたという。

＊一ノ谷古戦場跡に、16歳で首を討たれた平敦盛を供養する五輪塔が建っている。高野山の参道墓所には織田信長や石田光成、伊達政宗といった戦国武将の五輪塔の墓石が多々見られる。

▼宝篋印塔▲

供養塔・墓碑塔として建てられた仏塔の一種で、上から相輪、笠・隅飾、塔身、基礎、基壇で構成されている。最上部の棒状の部分は相輪と呼ばれ、上から宝珠、請花、九輪、伏鉢と呼ばれる部分がある。相輪は宝篋印塔以外に、宝塔、多宝塔、層塔などにも見られるもので、単なる飾りではなく釈迦の遺骨を祀る〝ストゥーパ〟の原型を残した傘蓋《さんがい》の部分といわれている。

＊熊野古道の荷坂峠に尼将軍供養塔が建っている。塔の形は宝篋印塔で建保6年（1218）の建立。青岸渡寺の古文書に〝尼将軍石宝塔〟と記されているという。頼朝夫妻は熊野信仰があつく、那智山の社寺の建立もしているとのこと。京都・本能寺の信長公廟にも宝篋印塔が建っている。

▼板碑▲

石造りの卒塔婆で、頂部が尖った山形の板状の石材に種子《しゅじ》、紀年銘、願文、供養者名などが刻まれている。板石卒塔婆、板石塔婆と呼ばれ、武蔵型板碑は秩父産の緑泥片岩を加工して造られるため青石塔婆と呼ばれている。

種子とは仏像の姿を表す代わりに梵字（サンスクリット語）を組み合わせて定められた象徴文字を表すもので、仏像と同じように崇拝の対象になっている。卒塔婆は略して塔婆ともいい、故人を供養する仏塔を意味している。一般的にはお墓の後ろに立てる塔の形をした縦長の木片のことをいっている。

＊中山道の倉賀野から高崎に向かうと安楽寺境内に２基の異形板碑がある。説明によると、板碑は〝板仏〟または〝平仏〟ともいい、正しくは〝板石塔婆〟と呼ぶもので、板状の石で造った卒塔婆のこと。板碑は鎌倉時代中ごろから室町時代にかけて多く作られたという。

＊鎌倉街道の毛呂山町に建つ板碑は、延慶３年（１３１０）建立のもので延慶板碑と呼ばれている。形状は板状に加工した石材の頭部が尖った山形で、塔身部に種子や被供養者名、供養年月日、供養内容などが刻まれている。

＊ユニークなものとして、熊本県の宮原町（現氷川町）に〝秦江王《しんこうおう》〟と〝奪衣婆《だつえば》〟が線刻された〝弥勒川《みろくがわ》板碑〟が建っている。ここに、「仏教では、死後七日毎に行われる王の裁定を受けて来世が決まるとされ、この王の中の一人が〝秦江王〟、その時渡る〝三途の川〟のほとりで亡者の着物を奪い取る鬼婆が〝奪衣婆〟」との説明が添えてある。（薩摩街道）

▼庚申塔・月待塔▲

・庚申塔

中国より伝来した道教に由来する庚申信仰に基づいて建てられた石塔で、塚の上に石塔を建てることから庚申塚、塔を建て供養を行ったことから庚申供養塔とも呼ばれている。江戸時代になると各地に庚申講がつくられ、その供養のための庚申塔が建てられたといわれている。庚申信仰については後述の民間信仰に記載。

・月待塔

月を信仰の対象として精進・勤行し、飲食を共にしながら月の出を拝んだという。その際供養のしるしとして建てたのが月待塔で十五～十九、二十二、二十三、二十六夜の塔がある。多く見られるのが〝二十三夜塔〟で、月待信仰については後述の民間信仰に記載。

▼その他▲

・百万遍念仏供養塔

浄土教では〝南無阿弥陀仏〟の名号を唱えることで誰でも極楽往生がかなうと説かれ、念仏を数多く唱えればそれだけ多くの功徳が得られるという思想がある。百万遍は〝南無阿弥陀仏〟を百万回唱える念仏行事で、一人が日を限ってその期間内に念仏を百万回唱えるという、主に僧侶の修行として行うものと、念仏講中が「ナミアミダブツ」を唱え、全員の念仏の総計が百万回に達すればば、その完了を記念して百万遍念仏供養塔を建てたものがあるといわれている。鎌倉街道の男衾《おぶすま》、中山道の望月（瓜生坂）等々で見ている。

・千部供養塔

藤岡市の鮎川を渡ると石仏群の横に千部供養塔が建っている。屋根付きの碑で、ここに「碑文は天明3年7月（1783）の浅間山大爆発の模様とその被害状況（各地の降灰量や凶作による諸物価の高騰など）を刻んだ供養塔で、当時の記録として貴重な金石文である。なお、碑は大爆発から9年後の寛政4年3月（1792）、旗本松平忠左衛門の代官で当地の斎藤八十衛門雅朝の建てたものである」とある。（鎌倉街道）

・一字一石一礼供養塔

雄大な岩手山を眺めながら岩手川口駅近くに来ると、一字一石一札供養塔が建っている。説明によると、東北地方は、昔からしばしば凶作や飢饉に見舞われ、特に江戸時代の元禄・宝暦・天明・天保年間における大飢饉の際には、おびただしい餓死・病死者が出たと記録に残されているという。この供養塔は、これらの大飢饉による死者を合せ供養したもので、安永7年（1778）に建立され、基底部の土中には、法華経典を一つの石に1字ずつ書写した小石が多数埋められているとのこと。（奥州街道）

・行き倒れ巡礼供養碑

熊野古道には、西国巡礼の一番札所〝青岸渡寺〟に向かう途中で倒れた巡礼者の供養碑が所々にひっそりと建っている。説明によると、西国三十三所巡礼の旅に出る人は心に悩みのある人や身体に病を持つ人が多かった。容態が悪くなった人には、村人たちは医者にも診せて看病し、不幸にして死亡すれば国元へ訃報を出し、地元の負担で手厚く仮葬し、初七日の供養も怠らなかったという。

石仏・石塔と民間信仰

▼地蔵信仰▲

もっとも多く見られ、親しみを感じる〝お地蔵さん〟は、サンスクリット語のクシティ・ガルバが語源。クシティは〝大地〟、ガルバは〝胎内・子宮〟の意味。サンスクリットはインドの古語で、「大地が全ての命を育む力を持っているように、苦しみ悩む人々を慈悲の心で包みこみ、救うところから名付けられた」とされている。印相は左手に利益を表すとされる宝の珠、右手に錫杖を持つものが多いとのこと。印相とはある意味を表現する仏像の手の形や組み方のことである。

日本では浄土信仰が普及した平安時代以降、「極楽浄土に往生できない人は地獄へ堕ちる」という信仰が強まり、地獄における責め苦からの救済を地蔵に求めるようになったといわれている。宿場町の入口にある地蔵は宿内の安全、悪疫の防止や旅人の道中安全等を願うもので、その他〝子供の守り神の地蔵〟〝道中安全を願う地蔵〟〝六道輪廻の六地蔵〟などがある。

〈子供の守り神の地蔵〉

幼い子供が親より先に世を去ると、親を悲しませ親孝行の功徳を積んでいないことから、「三途の川を渡れずに賽の河原で獄卒（地獄で死者を責める鬼）に責められる子供を地蔵菩薩が守る」という民間信仰もあって、子供や水子の供養でも地蔵信仰を集めたといわれている。よだれかけを掛けているお地蔵さんを見かけるのは、幼子を亡くした親が、その子が使っていた〝よだれかけ〟をお地蔵さまに掛けて祈れば、地獄でその子を守ってもらえると信じられていたからといわれている。〝子供の守り神〟には、子供がよろこぶお菓子が供えられているという。

〈道中安全を願う地蔵〉

旅人の道中安全を祈って建てられた地蔵にはいろいろあるが、ユニークなものを幾つかピックアップしてみた。

・首なし地蔵

中山道の大井宿をあとに東海自然歩道に入ると、赤いよだれかけを付けた首なし地蔵が建っている。説明によると、旅行者の道中安全を祈って建てた地蔵で、昔、二人の旅人が地蔵の側で眠ってしまった。一人が目覚めると相棒が首を斬られて死んでいた。回りにそれらしき犯人が見あたらず、怒った仲間は「黙ってみているとは何事だ」と刀で地蔵の首を切り落としてしまった。それ以来何人かの人が首を付けようとしたが、どうしても付かなかったという話が伝え残っているという。

・胴切れ地蔵

山陽道の加古川市を通ったとき、首の下が赤い布で覆われた地蔵があった。伝説によると、この地蔵を深く信仰していた人が、殿様の行列の前を横切ったため無礼討ちにあい、胴体を真っ二つに切られてしまった。ふと気がつくと自分の胴体はなんともなく、地蔵さんの胴が真っ二つになっていた。以来、地蔵が身代わりになってくれたと、一層深く信仰するようになったという。

・背くらべ地蔵

中山道の野洲町（守山宿手前）に大きい地蔵と小さい地蔵が並んで建つ背競地蔵尊がある。説明によると、鎌倉時代のもので、子をもつ親たちが「我が子もこの背の低い地蔵さんくらいになれば一人前」と背くらべさせるようになり、いつしか〝背くらべ地蔵〟と呼ばれるようになったという。

〈その他の地蔵〉

・勝軍（将軍）地蔵

北国街道を軽井沢から海野宿に向かうと、一つ手前の田中宿に、武装して騎乗した丸彫武人像〝勝軍地蔵〟が建っている。僧の姿で甲冑をつけて馬に乗り、左手に宝珠、右手に錫杖を持っている。説明によると、勝軍地蔵は悪行や煩悩を破り勝つという仏様で、防火神としても信仰され、江戸時代田中宿中で防火のため造立したものらしいとのこと。

奥州街道の氏家宿近くに将軍地蔵があった。この地蔵は源義家が奥州に進軍したとき、鬼怒川釜ケ渕の悪蛇に行く手を阻まれたが、将軍地蔵が現れて悪蛇を退散させたというもので、地蔵が戦場で危急を助けてくれたところから、我が国独特の将軍地蔵が造られるようになったといわれている。

・六道輪廻の六地蔵
六地蔵は地獄、餓鬼、畜生、修羅、人間、天上の六道それぞれで、「全ての生命は六種の世界に生まれ変わりを繰り返す」という仏教の六道輪廻《りんね》の思想に基づいている。六体の菩薩を彫った六角地蔵石幢もある。

＊伊勢街道の「日永の追分」から千里駅に向かう途中に「北の端の地蔵堂」がある。ここに六體地蔵菩薩が納められていて、「このお地蔵さんは、今より８００年前の鎌倉時代に作られたもので、石造本体周囲に六體の菩薩が刻まれている。六體とは五欲の優世《うれいよ》に六道（地獄・餓鬼・畜生・修羅・人間・天上）に迷う衆生《しゅじょう》を救う六分身を表す」とある。

▼**道祖神信仰**▲
道路の悪霊を防いで行く人を守護する路傍の神で〝塞之神《さえのかみ》〟とも習合され、村の守り神、子孫繁栄、子供の守護神、子授けの神として信仰されている。形には男女双体像、字塔、男女の性器像などある。

＊熊野古道の滝尻から田辺に向かうと、陰陽合体した道祖神がある。説明によると〝さえの神〟といわれ、邪悪なものをさえぎり、路の悪霊を除き、旅人を守り、男女円満、縁結びの神として信仰されているという。

＊会津西街道の田島丸山歴史公園に道祖神社がある。ここに男の像を彫ったものと、女性の木道祖神が納められている。説明によると、道祖神は、村への疫神悪霊の侵入を塞ぎ、旅人の交通安全

を守る神で、自然石に文字を刻んだもの、像を彫ったものがある。木道祖神は、子宝・安産・家内安全を祈ると願いが叶えられるとされ、多くの人々に信仰されたという。

▼庚申信仰《かのえさる》▲

庚申の夜、無病息災を願いながら眠らないで過ごすという平安時代の貴族社会の風習が少しずつ民衆の間に浸透し、供養の庚申塔が建てられ、やがて民間信仰の中心的な存在の一つになったといわれている。

＊中山道を日本橋から板橋に向かうと巣鴨通りに〝巣鴨庚申塚〟がある。説明によると、庚申信仰の起源は、中国から伝わった道教の三尸説《さんしせつ》によるといわれ、人の身体にいる三尸という虫が、60日に一度訪れる庚申の日の夜に人の罪状を天帝に告げに行くため、人々はこの晩は寝ずに過ごし、寿命が縮められるのを防ぐというもの。室町時代の中頃から庚申待が行われるようになり、さらに僧侶や修験者の指導によって講集団が組織され、江戸時代になると各地に庚申講がつくられ、その供養のため庚申塔が造立されるようになったという。

＊箱根旧街道の畑宿に庚申塔が建っている。説明によると、庚申（干支の一つ）の夜、青面金剛（病魔、病鬼を払い除く神）を祭り寝ないで徹夜する習慣があった。その夜、眠ると三尸（体の中にいる三匹の虫）がその人の罪を天帝に告げ命を縮めるといわれている。庚申信仰は平安時代に中国から伝わり、江戸時代に盛んになった。この庚申信仰に基づいて作られた石塔に庚申の日に酒や供物を供えお参りした。庚申塔は全国各地にあり、箱根にも25基点在しているが、畑宿の石塔は万

治元年（1658）の銘があり箱根で最も古く、笠付角柱という形は神奈川県下で最も古いものという。

▼月待信仰▲

18世紀の後半から昭和の初期にかけて、日本の各地で「講」を組織した人々が集まって、月を信仰の対象として精進・勤行し、飲食を共にしながら月の出を待って月を拝むという月待の行事が行われていたという。一番多いのは〝二十三夜講〟で、十五夜から8日過ぎた二十三夜の月は、真夜中ごろに東の空から昇ってくるので真夜中まで一緒に行動を共にすることで、絆を確かめ合ったものと思われる。二十三夜講のほか、十五夜、十六夜《いざよい》、十七夜（立ち待ち月）、十八夜（居待ち月）、十九夜（寝待ち月）、二十二夜、二十六夜などの講もあったという。

＊日光街道と例幣使杉並木街道の合流点に今市の追分地蔵尊がある。ここに「おサンヤサマ」と呼ばれる月待信仰のことが次のように書いてあった。

「おサンヤサマは二十三夜講と云い、月待ち信仰の一つです。満月を中心に月の形がちょうど半分になる夜だからとも、また地蔵縁日たる二十四日の前夜だからとも、またお大師讃仰のためともいわれているが、娯楽機関の少なかった頃、信仰をかねて部落の女性が御馳走を持ち寄って集まり、団らんにふけった日を云います。お地蔵様もおサンヤサマも安産子育ての信仰であり、供物と線香を供え祈願しました」

＊二十三夜塔はいろんな街道で見ているが、須賀川で見た二十三夜塔には講メンバーらしい名前

が刻まれていた。十九夜塔は日光街道や陸前浜街道で見ている。

▼秋葉信仰▲

秋葉山は静岡県浜松市天竜区春野町にある標高８６６メートルの山。この山頂近くに火防の神〝秋葉大権現〟の後身〝秋葉山本宮秋葉神社〟がある。

秋葉山はこの神社の俗称として呼ばれている。祭神は火の神・カグツチノカミで〝秋葉大神〟とも称され、「火の幸を恵み、悪火を鎮め、火を司り給ふ」神様として、関東・東海・北陸に信仰を広め、特に幾度となく大火に見舞われた江戸において広く信仰を集めるようになったといわれている。この秋葉信仰の盛んな様を示すものとして、秋葉灯籠がある。この灯籠は広汎に作られ、また秋葉講も各地に作られるなど、秋葉信仰は全国的な展開をみせていて、東京の秋葉原の地名も火防の神・秋葉山に由来しているといわれている。

＊山陰道の宍道宿から出雲市に向かうと、東白寺参道に「直江町 秋葉大権現 由来記」が記されている。説明によると、神仏習合の秋葉山は〝火防の神〟として全国的に広く信仰され、当地の人々も長い間、秋葉信仰の伝統を守ってきた歴史がある。東白寺の秋葉山は享保のころ、８代将軍徳川吉宗時代、直江町の豪商が江戸より帰る途中に駿河の国に立寄り、火防の守護神〝秋葉大権現〟を勧請し、東白寺の境内に鎮守堂を建立して祀ったのが起源とのこと。秋葉山の火防の守護符〝秋葉三尺坊大権現〟は、霊験あらたかなものとして現在も家屋の壁や柱に張り、火難息災を祈る風習が続いているという。

＊甲州街道の国立市に常夜燈が建っている。江戸時代に村を火難から守るために〝火伏せの神〟を祀った秋葉神社の常夜燈を各村の油屋近辺に建てたもので、秋葉燈とも呼ばれ大正時代まで村人が順番に毎日夕方になると火を灯していたという。裏の基壇には文久3年（1863）と彫られている。

▼山岳信仰▲

山岳信仰は山を神聖視し崇拝の対象とする信仰で、自然環境に対して抱く畏敬の念、雄大さや厳しい自然環境を恐れ敬う感情などから発展した宗教形態の一つといわれている。

例えば、日本三霊山といわれる富士山、白山、立山をはじめ、御嶽山、出羽三山（月山、羽黒山、湯殿山）、日光山（男体山、女峰山、太郎山）、大山（神奈川県、鳥取県）等々、多くの著名な山々が対象になっている。

▼講、講中について▲

・講という名称で呼ばれる信仰集団には庚申講や二十三夜講をはじめ、富士講、御嶽講、出羽三山講、秋葉講、万人講（金毘羅参り）、金比羅講、妙義講、等々いろいろあるが、講の起源は、仏典を講義研究する僧衆集団の名から出ていて、それが民間に浸透するにつれて在来の信仰集団に講の名称を付ける風が広まり一般化したといわれている。広辞苑には「神仏を祭り、または参詣する同行者で組織する団体」とある。

・講中は講を作って神仏に詣でたり、祭りに参加したりする信仰者の集まりで、広辞苑には「講を結んで神仏に詣でる連中」とある。

巡礼や修験を伴う民間信仰

▼観音信仰（西国信仰ともいわれている）▲

観音信仰はインドから仏教の東漸にともなって中国、朝鮮、そして日本に伝わったといわれている。観音信仰は心の浄化を求めて、あちこちに点在する観音像を拝めば心が穏やかになり、苦しみから解放されるという教えで、西国三十三所の観音霊場は平安時代以前からの由緒を伝える観音信仰の場であったといわれている。

• 西国三十三所の観音霊場

この観音霊場は京都、滋賀、大阪、奈良、兵庫、和歌山、岐阜に点在し、第一番札所の〝那智山青岸渡寺〟は熊野古道の熊野那智大社の横にある。奈良街道の奈良市に第九番札所の〝興福寺南円堂〟が、丹後街道の舞鶴市に第二十九番の〝青葉山松尾寺〟が、そして結願・満願の第三十三番札所の〝谷汲山華厳寺〟は岐阜県揖斐川町にある。現在でも巡礼の総数は年間10万人を下らないといわれている。

• 一般人の巡礼

密教系の僧たちによって修行の場所を求めて霊場巡礼が行われたのが始まりで、室町時代からは一般人の巡礼が盛んになったといわれている。三十三は「観音様は三十三種に身を替えて私たち生き物（衆生）を救済下さる」にちなんでいるとのこと。この〝西国三十三所巡礼〟がさきがけとなって弘法大師ゆかりの札所を巡る〝四国巡礼〟や、関東の観音霊場の〝坂東三十三所観音札所〟〝秩父三十四所観音札所〟、さらに全国津々浦々に大小札所が作られている。〝四国巡礼〟の詳細は「第11章　弘法大師の遺徳」に記載。

▼伊勢信仰▲

伊勢信仰は天照大御神に対する信仰で、総本社・伊勢神宮は皇大神宮（内宮）と豊受大神宮（外宮）の二つの正宮を中心に14の別宮、109所の摂社・末社・所管社からなりたっている。（伊勢神宮の正式名称は神宮）

・皇大神宮

皇大神宮には皇室の御祖神・天照大御神が祀られている。天照大御神は崇徳天皇の御代に皇居を出られ、各地を巡幸ののち、約2千年前に大御神の御心にかなった大宮どころとして現在の地に鎮座されたといわれている。この天照大御神は日本国民の総氏神でもある。また、皇大神宮の御神体は三種の神器の一つ「八咫鏡《やたのかがみ》」といわれている。

・豊受大神宮

豊受大神宮は、コメをはじめ衣食住の恵みを与える産業の守護神で、雄略天皇の22年（約1500年前）に、丹波国から天照大御神の食事をつかさどる御饌都神《みけつがみ》として迎えられたといわれている。

・遷宮

大御神の新たなる後光を20年ごとに仰ぐ遷宮は、生成発展してやまない我が民族の生命の源泉として長い歴史と伝統ある極めて重要な祭儀とされている。この式年遷宮は20年ごとに新しく神殿を造替し御装束・神宝をととのえ、神様に移り願う儀式で１３００年にわたり続けられている。内宮の入口、五十鈴川に架かる宇治橋もこれに合わせて架け替えられ、橋の内側の大鳥居は内宮古殿の棟持柱を、外側は外宮古殿の棟持柱を使い遷宮後に建て替えられるという。

・一般人の参拝

伊勢神宮の皇大神宮は我が国で最も尊く、国家の最高神とされ、皇祖神を祀る神社として一般の人は参拝することができなかったが、平安時代になって皇族の権力が衰えると、武士や庶民にも伊勢信仰が広がり、戦国時代になって庶民の伊勢参りが一般化していたといわれている。江戸時代には庶民の夢となり、〝おかげ参り〟といって多いときは半年に５００万人近い参拝者があったという。

※伊勢街道を歩いて

一生に一度でもと、多くの人々があこがれた伊勢参りの道は、東海道から日永の追分で分かれ伊勢湾沿いを南下して伊勢に至るという当時の伊勢街道の道が今も残っている。近くに国道23号や県道37号が走っているが、交差することはあってもほとんど合流することなく、車の交差がやっとの昔ながらの旧道らしい一本道が伊勢神宮まで通じている。

道脇には、今なお往時の道標や常夜燈がいろいろ残っており、連子格子の家や中2階の虫籠窓の家が見られるといったように、歴史街道の雰囲気を感じさせてくれる。また、伊勢周辺で多く見られる切妻・妻入り、あるいは入母屋・妻入りの家並みは、伊勢神宮の建物が切妻・平入りであることに遠慮したからといわれている。

こうして昔の人が伊勢参りしたのと同じように、伊勢街道を歩いて皇大神宮の苔生した屋根の前に立つと、ここに漂う荘厳な雰囲気もあって古代から永々と続いてきた歴史の重みが肌に伝わってくる。そして先人たちがいて今の自分があることに感謝し、厳粛な気持ちで参拝しようという気持ちになる。

▼熊野信仰▲

熊野本宮大社は熊野三山（本宮、速玉、那智）の首座を占め、全国に散在する熊野神社の総本宮・熊野大権現として広く知られている。日本人の持つ自然信仰、その元を辿っていくと熊野信仰に行き着き、もう一つの信仰、祖先信仰の元を辿っていくと伊勢信仰に行き着くといわれている。

熊野古道は聖地〝熊野〟にある熊野三山（本宮大社、速玉大社、那智大社）をめざす信仰の道として古代から中世、近世まで、人々は神々の魂に触れるこの遠い道のりを徒歩で進んだ。「馬にて参れば苦行ならず」というように、歩くこと自体が修行であり、その一歩は神仏の加護に近づく第一歩でもあったといわれている。

• 熊野詣の代表的ルート

一つは京の法皇や上皇らが平安から鎌倉期にかけて盛んに詣でたという紀伊路〜中辺路ルート。これは紀伊半島を西回りするルートで、道筋に熊野権現の末社として九十九王子社が祀られている。もう一つは戦乱の世になって、東国の武士や庶民の間で伊勢参りからの巡礼の旅として流行した伊勢路〜雲取越えコース。伊勢からの東回りルートになる。

この他、田辺から海岸線に沿って那智に至る大辺路、吉野から半島中央部を南下し本宮大社に至る大峰山越え、高野山から本宮大社に至る小辺路がある。大峰山越えのルートは標高１７００メートル級の厳しい山々を縦走する修験道の修行の聖地で、断崖絶壁にある行場を数々経る難所ルートといわれている。

伊勢路は江戸時代になると「伊勢へ七度、熊野へ三度、お多賀さんへは月参り」という庶民信仰の広がりとともに大いに賑わい、伊勢、熊野へ詣でた後に、さらに西国三十三所巡りに旅立つ者もいたといわれている。

・極楽浄土の地〝熊野〟

熊野への巡礼は、日本書紀の一書にイザナミノミコトが紀伊国の熊野に葬られたとされており、熊野の語源説の一つに「クマ＝こもる」から〝死者が籠る地〟すなわち、熊野を死者の国とみる考え方がおこり、平安末期の浄土信仰における〝極楽浄土の地〟としてとらえられるようになったという。そして、奈良時代より修験道の修行地となっていた熊野三山の本宮を阿弥陀如来の西方極楽浄土、速玉大社を薬師如来の東方浄瑠璃浄土、那智大社を千手観音の南方補陀落浄土として現世の浄土の地と考えることで、その信仰が深まったと考えられている。

・蟻の熊野詣

衆生の苦しみや病気を癒すといった過去世を救済する薬師如来、現世利益を授ける千手観音菩薩、来世浄土へ導く阿弥陀如来と位置づけられ、熊野権現信仰は飛躍的な広がりを見せていったという。そして皇室、公卿、武士中心から庶民信仰へと発展し、過去救済、現世利益、来世加護を説く三熊野詣こそ滅罪・甦りへの道であるとして、〝蟻の熊野詣〟の諺のごとく熊野街道は賑わったといわれている。

▼普陀落信仰▲

熊野信仰とともに普陀落信仰が流行した時代があったという。熊野古道のツヅラト峠から遠くに見る熊野の海は〝普陀落の海〟とされ、鎌倉～室町期に熊野灘から小船に乗って普陀落を目指す〝普陀落渡海〟が流行した時代があったとされている。

普陀落とは観音菩薩の浄土、極楽浄土のことで、伝説ではインドのはるか南方の海上にあって、日本では熊野や日光が普陀落にみたてられ信仰を集めたといわれている。極楽浄土に行き着くことを求めて海へ漕ぎ出す普陀落渡海は、小型の木造船を浮かべて行者が乗り込み、そのまま沖に出るという捨身行で、粗末な船で、たいした水も食料も持たず、あてのないその旅立ちは、浄土希求の衣をまとった集団自殺だったといわれている。その一方、普陀落渡海はこういった死を覚悟した往生観ではなくて、生きながらえそのまま往生するという考えだったともいわれている。

※熊野古道を歩いて

伊勢街道の田丸から伊勢路～雲取越え～中辺路～紀伊路ルートを歩いた。ここには30近い峠が含まれているが、ほとんどの峠に石畳が敷かれている。物音一つ聞こえない静寂な山中にあって延々と続く苔生した石畳道はとても神秘的。熊野本宮大社は素朴な中に荘厳な雰囲気が漂っている。熊野は古代人が豊かな自然を神聖視した自然信仰の聖地。この大斎原《おおゆのはら》に「日本人の心の蘇り」「自然環境の大切さ」を祈念する大鳥居が建っている。ここに立つと大自然を敬う〝日本人の心の原点〟に触れたかのように心が動かされる。紀伊半島はほとんどが山岳地帯で今も未開発地が多く残っている。このため熊野古道は昔の姿をよく残している。すばらしい道だ！

街道の神社と寺院

街道筋には色んな神社や寺院が建っている。神社は神道の神を祀るところとして集落から離れた街道筋から森や山麓、山頂に至る様々なところに存在する。一方、寺院は仏像を安置し仏事・法要などを行う施設として僧・尼が居住していることもあって、多くは人が住んでいる町や集落に建っている。ここでは、街道筋で出会った神社の〝社格〟や〝神道の神〟〝仏教と寺院〟について簡単に書いてみた。

▼神社の社格▲

小さな集落や宿場町でよく見かけるのは村社、郷社、県社といった神社で、時には立派な鳥居を設けた國幣社や官幣社といった神社に巡り合うことがある。

明治4年（1871）、国家が待遇するうえで神社に格式を設けたが、これを社格と呼んでいる。上から官幣（大社・中社）、國幣（中社・小社）、府県社、郷社、村社の順に格付けられたが、伊勢神宮はすべての神社の上に位置する神社として社格の対象外になっている。この制度は昭和20年（1945）に廃止されているが、当時の社格が神社の石柱に刻まれているので今でも判別することができる。街道筋で出会った主な神社をピックアップすると次のようになる。

・官幣大社　三種の神器の一つ「草薙神剣《くさなぎのみつるぎ》」を祀る神社で知られる熱田神宮をはじめ、出雲大社、宇佐神宮、春日大社、熊野本宮大社、住吉大社、諏訪大社、広田神社、日吉大社、氷川神社、宮崎神宮、三島大社、等々
・官幣中社　厳島神社、太宰府天満宮
・別格官幣社　照国神社
・國幣中社　射水神社、弥彦神社
・國幣小社　都農神社
・府県社　竹駒神社、安達太良神社、大井神社
・郷社、村社は多々あり省略

別格官幣社は、国家に功績を挙げた忠臣や、国家のために亡くなった兵士を祭神として祀る神社として創設されている。

▼神道と神▲

神道は大きく分けて三つの信仰で成り立っている。山や海や巨木や奇岩など自然物を神の依代《よりしろ》とする自然神信仰、祖先の御霊《みたま》を神とする祖先神信仰、もう一つは土地の神や農耕の神など水田稲作を起源とする信仰、これらの信仰が一つになって成立したのが神道だといわれている。

▼仏教と寺院▲

仏教は仏陀釈迦牟尼（釈迦如来）の説法に基づき人間の苦悩の解決の道を教える、世界三大宗教の一つ。紀元前5世紀頃インドのガンジス川中流地方に興ったといわれている。寺院は仏像を安置し僧・尼が居住して仏事・法要・供養など、仏教における祭祀を行う建物のことで、寺、仏閣ともいう。

日本の仏教宗派の系統は大きく真言宗と天台宗に分かれ、さらに天台宗は法華系（日蓮宗）、禅系（曹洞宗、臨済宗）、浄土系（時宗、浄土宗・浄土真宗、融通念仏宗）の三つに分けられる。世界三大宗教とは仏教・キリスト教・イスラム教を指している。

第5章　歴史に残る戦い

歴史に残る〝戦い〟の多くは旧街道筋で行われている。これらを時代順に、源平の戦い、戦国時代の雌雄を決した戦い、幕末の外国勢との戦い、明治維新後の内戦、という形でピックアップしてみた。

源平の戦い

▼倶利伽羅古戦場▲

寿永2年（1183）、信州の木曽山中で兵を挙げた木曽義仲は、京都を目指して北陸路を進軍。これを阻止しようと10万の兵を率いて京都から進攻した平維盛軍と、倶利伽羅山で対戦したといわれている。

木曽義仲は埴生《はにゅう》護国八幡宮に戦勝祈願の願文を捧げ、火牛の奇計を練り、5月11日夜半、4万余騎にて一斉攻撃を開始。法螺貝を吹き、太鼓を鳴らし、鬨の声を挙げながら、角に燃えた松明をくくりつけた400～500頭の〝火牛〟を放って突撃したといわれている。長途の行軍にまどろんでいた平軍は、あわてふためき右往左往。将兵は軍馬もろともに地獄谷に馳せこみ落ちて、相重なって谷を埋め、その数1万8千余騎、と源平盛衰記に記されているという。大勝利を得た義仲軍は上洛を果たし、敗れた平家はその後、都落ちし西国へと逃れていく。

＊北陸道の富山／石川県境の倶利伽羅峠に古戦場がある。この倶利伽羅峠をひかえた埴生（小矢部市）に木曽義仲ゆかりの護国八幡宮がある。寿永2年（1183）5月、木曽義仲が、倶利伽羅山にて平維盛の大軍と決戦するに当たり、この護国八幡宮に合戦の勝利を祈ったという願文（写）が現存するという。

＊北陸道は律令制によって敷かれた七道の一つ。この峠の古道に入ると、時宗の宗祖・遊行《ゆぎょう》上人の歌碑、さらに平安時代の歌人・藤原顕季《ふじわらのあきすえ》や鎌倉時代の歌人・藤原定嗣《さだつぐ》といった、歴史を偲ぶ歌碑がつづく。

＊古戦場に、芭蕉が木曽義仲の末路に涙して詠んだ「義仲の寝覚めの山か月かなし」の句碑が建っている。さらに〝猿ヶ馬場〟に平家が本陣を布いた「源平倶利伽羅合戦 本陣」碑、続いて木曽義仲が策した〝火牛の計〟を語る2頭の牛石像とつづく。ここに、「春の夜半、源義仲が角に松明をくくりつけた牛の群れを先頭にこの山路を駆け抜け、平家10万の大軍を破った。ここが源平の戦いに名高い〝火牛の計〟を策した古戦場である」との添書きがある。さらに、源平供養塔、勇敢な武将・為盛を弔った為盛塚とつづく。

▼一ノ谷古戦場▲

その後、木曽義仲は上洛を果たす。しかし統治できず都の治安が乱れたこともあって義仲は見限られ、源頼朝が流刑の身分を解かれて復権。そして義経が上洛して木曽義仲を滅ぼす。一方、平家は福原に戻って勢力を建て直し、京奪回を計っていたところ〝三種の神器〟奪還のための平家追討命が下りて、義経軍は福原に陣を構える平家を攻撃。寿永３年（１１８４）平家が崖を背後にして一ノ谷に陣を敷いたところを、義経が鵯越《ひよどりごえ》の坂を一気に逆落としをしかけて、陣を敷いた平家の背後から攻め入ったといわれている。予想もしなかった方向から攻撃を受けた一ノ谷の陣営は大混乱となり、平家の兵士たちは我れ先にと海へ逃げだし、総大将の宗盛は敗北を悟って屋島へ向かったという。

＊山陽道を兵庫から明石に向かうと〝源平一ノ谷古戦場〟がある。平家が陣を敷いたところは須磨浦公園になっている。ここに「源平史蹟　戦の濱」碑が、公園の外れに立派な五輪塔が建っている。この合戦で当時16歳の平敦盛が熊谷次郎直実によって首を討たれ、それを供養するため五輪塔を建立した、とある。入口に「史跡敦盛塚」碑が建っている。

▼屋島古戦場▲

一ノ谷の戦いに敗れた平家は再起を図るべく屋島に撤退。〝三種の神器〟奪還に失敗した義経は1年後、わずかな兵を率いて嵐の海を渡り屋島に奇襲。海上へ逃れた平家と陸の源氏軍との間で合戦が繰り広げられたといわれている。この戦いは那須野与一が射抜いた〝扇の的〟や義経の〝弓流し〟などの伝説を生んでいる。やがて鎌倉から大軍が押し寄せ、平家は下関の彦島に逃れて最後の決戦〝壇ノ浦の戦い〟へと移る。

＊讃岐街道を高松城下（香川県）から東へ向かうと〝義経鞍架けの松〟がある。平家討伐の命を受けた義経は、阿波（徳島県）の勝浦から大坂峠を越えて讃岐に入り、屋島を望むこの地で人馬を整え平家の陣を攻めたといわれている。

＊琴平電鉄の八栗駅近くに、平家が門を構えて海辺の防御に備えた〝総門碑〟、義経が海中に落とした弓をムチでかき寄せ引き上げたという〝義経弓流し跡〟、那須与一が扇の的を射るとき、荒れる海の岩上で駒を止め、波に揺れ動く船の扇を見事に射止めたという〝駒立岩〟等がある。

＊実は屋島は瀬戸内海に浮かぶ島だと思っていた。訪れてみると高松市街地の一角にあって〝義経弓流し跡〟や〝駒立岩〟が、住宅の建ち並ぶ一角にあった。当時、この一帯は海だったようで、潮が満つと岩は水中に没します、と書いてあった。

▼壇ノ浦古戦場▲

壇ノ浦の戦いは寿永4年（1185）、西に平知盛を大将にした平家と、東に源義経ひきいる源氏が、関門海峡の壇ノ浦を舞台に戦った源平最後の合戦。当初は平家が優勢だったが、潮の流れが西向きに変わり始めると源氏が勢いを盛り返し、潮流に乗って平家の船を操る水夫と舵取りを弓矢で狙い、漕ぎ手を失った平家の船は潮の流れに引き込まれ完全に自由を失ってしまったといわれている。

最期を覚悟した知盛がその旨を一門に告げると、二位の尼は当時数え8歳の安徳天皇を抱いて入水。知盛も後を追って海峡に身を投じ平家一門は滅亡。こうして日本の政治は、貴族から武士による武家政治へと移行していった。

関門海峡は西へ東へと一日に４回その流れの向きを変え、狭いところでは両岸の幅は７００メートル余りで潮流の速度は時速18キロにもなるという。この戦いで知盛は自害に際し碇を担いで入水したといわれ、義経は平教経《のりつね》の攻撃を船から船へと飛び移ってかわし、いわゆる〝八艘《はっそう》飛び〟を見せたといわれている。

＊この様子を表した平知盛の〝碇潜《いかりかづき》〟と源義経の〝八艘飛び〟、２体の像が下関の関門海峡を背に建っている。近くに、祖母二位の尼と海中に没したとされる幼帝の安徳天皇を祭神とする赤間神宮がある。境内の奥に平家一門の墓がある。

戦国時代の雌雄を決した戦い

戦国武将の今川義元、上杉謙信、武田信玄、織田信長、明智光秀、柴田勝家、豊臣秀吉、石田三成、徳川家康、それぞれが雌雄を決する戦いを行い、最後に関ヶ原の戦いで徳川家康が石田三成を倒し戦国時代に終止符が打たれた。こうして政権基盤を確固たるものにした徳川家康が江戸に幕府を開き、安定した徳川時代の基礎を作り上げている。

▼桶狭間古戦場▲

永禄３年（１５６０）、駿河、遠江、三河の領主今川義元の軍勢２万５千が西上の途次、桶狭間で軍勢3千の織田信長の奇襲にあって義元が戦死。戦闘2時間余りで信長が勝利したといわれている。

＊東海道を知立から鳴海に向かうと、街道筋から少し離れたところに「史跡桶狭間古戦場」碑が建つ史跡公園（国史跡）がある。この地は三河と尾張の国境にあって田楽狭間あるいは舘狭間とも呼ばれている。ここに、今川義元が戦死した場所を明示した石碑「七石表之一」、義元の霊を祀る墓「弔古碑」が建っている。元来塚のみであったがのちに建碑されたとのこと。

＊小説を読んだ時は、桶狭間は山あいのもっと狭いところと思っていた。周りに山があるわけでなく想像に反し平地だった。当時は林に囲まれた狭い道だったのかもしれない。

▼川中島古戦場▲

永禄4年（1561）、越後の雄将上杉謙信と甲斐の知将武田信玄が雌雄を決せんと千曲川沿い〝川中島〟で戦った。武田勢は八幡原に、上杉勢は陣を構えていた妻女山を下り、両軍合わせて3万3千余の壮絶な死闘が展開され八幡原が大修羅場と化したといわれている。その中にあって謙信は只一騎愛刀〝小豆長光〟を振りかざして武田の本陣に切り込み、不意を突かれた信玄は軍配で謙信の太刀を受けたという。これが有名な〝三太刀七太刀〟の伝説で、信玄は一の太刀は軍配で受けたが、続く二の太刀で腕を、三の太刀で肩に傷を負ったという。後にこの軍配を調べたところ刀の跡が7カ所あったといわれている。信玄41歳、謙信32歳とのこと。

＊北国街道を北に向かうと、長野市街地に入る手前で千曲川を渡る。この7キロ下流の千曲川沿

い八幡原に、上杉謙信と武田信玄が戦った川中島古戦場がある。

千曲川の対岸には武田信玄が上杉謙信と戦うために築いた海津城跡がある。八幡原は武田信玄の本陣が置かれた場所とされ、現在は八幡原史跡公園になっている。ここに、激戦のさなか、謙信が信玄の本陣に攻め込み、信玄に向かって三太刀斬りつけ、信玄は床几に座ったまま軍配でそれを受けたとされる〝三太刀七太刀〟の様子を表した像と碑が建っている。

＊信玄がこの辺り一帯の戦死者（6千余人）の遺体を敵味方の別なく集め、手厚く葬った塚の一つ〝首塚〟がこの一角にある。これを知った上杉謙信は大変感激し、後に塩不足に悩む武田氏に対し、「われ信玄と戦うもそれは弓矢であり、魚塩にあらず」と直ちに塩を送り、この恩に報いたといわれている。このことが乱世の美学と褒め称えられ、「敵に塩を送る」の言葉が生まれている。

▼山崎の合戦・天王山▲

天正10年（1582）6月2日の本能寺の変を受け、羽柴秀吉は備中高松城から京へと向かった。中国大返しを決行したのである。6月13日、午後4時ごろ天王山の山頂・山麓で明智軍と羽柴軍の間で戦いが繰り広げられた。明智光秀は善戦したが、兵力の差はいかんともしがたく勝竜寺城へと敗走。最後は数人の側近を連れ、闇夜に紛れて勝竜寺城から逃げだしたところを土民の落ち武者狩りに遭い命を落としたといわれている。

明智光秀は6月2日に本能寺の変で織田信長を討ち取ったが、11日後の6月13日に生涯を閉じている。この11日間は俗に〝三日天下〟といわれている。勝利をおさめた羽柴秀吉は天下統一をめざすため、天王山山頂に天守閣を備えた山崎城を築城している。

＊西国街道を京都の東寺から南西に下り、桂川を渡って大山崎町に来ると、天王山登り口がある。天王山は山城国と摂津国の国境にある標高270メートルの山。大山崎はこの山と淀川に挟まれたところで、最も狭い部分で200メートルたらず。ここを通らずして西へも東へも行けないという、軍事・交通の要所だったといわれている。

▼賤ヶ岳古戦場▲

織田信長が明智光秀に殺害された〝本能寺の変〟の翌天正11年（1583）4月、信長の重臣柴田勝家と羽柴秀吉がこの賤ヶ岳で戦っている。

〝賤ヶ岳合戦〟は賤ヶ岳頂上より北側の中腹及び余呉湖畔において死闘が繰り広げられたため、余呉の湖が真っ赤に染まったという。柴田勝家は身代わりを置いて栃ノ木峠を敗走し北ノ庄に落ちたが、これを秀吉軍は追撃して北ノ庄を攻め落とし、敗北を悟った勝家は城に火をかけ自刃。この勝利を機に秀吉は名実ともに天下人への道を独走していったといわれている。

＊北陸道を今庄から栃の木峠を越えて木之本に来ると、卯建を残す昔風の家が見事につづく。ここは北陸と都を結ぶ交通の要衝として栄えた宿場町。ここから3キロ位西に、羽柴秀吉と柴田勝家が戦った賤ヶ岳古戦場がある。この戦いで秀吉軍の近習・加藤清正ら7人が槍をとって真っ先に斬りこみ、柴田軍を突き崩したとのことから〝賤ヶ岳の7本槍〟として知られている。福島正則を頭とした加藤清正、加藤嘉明、脇坂安治、片桐且元、平野長泰、糟屋武則の若武者たちで、古戦場に

「史蹟賤ヶ岳七本槍古戦場」の標柱が立っている。

賤ヶ岳は滋賀県長浜市にある標高421メートルの山。リフトが運行されていて、山頂に登ると史跡碑、賤ヶ岳合戦図のほか、長い槍を持った武士像や浅井三姉妹の写真スポットなどがある。北側下方に真っ赤に染まったといわれた余呉湖が見える。

▼関ヶ原の戦い▲

中山道の関ヶ原宿の街道筋から少し北に外れたところに〝天下分け目〟の戦いとなった関ヶ原古戦場がある。慶長5年（1600）9月、徳川家康率いる東軍と、石田三成を中心とする西軍によって関ヶ原の戦いが行われた。

慶長3年（1598）の豊臣秀吉の死後、五大老の筆頭・徳川家康の勝手な振る舞いを非難する石田三成を筆頭とする五奉行と家康が対立。この仲裁役を果たしていたナンバーツーの前田利家が亡くなると豊臣家の内部分裂に発展。一方、大坂城に入って権力を強化し天下を掌握しつつあった徳川家康は年賀の挨拶を断わった上杉家を謀反の疑いで討伐へ。これを機に石田三成は挙兵し、五大老の毛利輝元を総大将として軍勢を整え、徳川軍の駐留部隊のいる伏見城を落とす。家康は小山で三成の挙兵を知り、急遽引き返し関ヶ原の合戦となった。

岐阜城を攻落して意気上がる東軍は西進し赤坂一帯を占拠。本陣を赤坂の〝岡山〟に構え、東南方向に4キロ離れた大垣城を本拠とする石田三成らの西軍と対峙。約3万の軍勢を率いた徳川家康は、赤坂に到着すると大垣城に向けて自らの馬印と幟旗を立てさせ、西軍将兵を動揺させたという。西軍は動揺を抑えるため、大垣城を出て東軍を誘い出し抗瀬川一帯で戦う。この〝抗瀬川の戦い〟は西軍が勝利し関ヶ原本戦へと向かってゆく。

開戦から2時間、地形的に有利な西軍はやや優勢だったが、小早川秀秋の大軍1万5千が東軍に寝返り、これを機に関ヶ原の戦いの勝敗が決する。こうして戦いはわずか6時間ほどで決着がついたといわれている。勝利した家康は、江戸に幕府を開いて政権基盤を確固たるものにしていった。

＊この戦いは関ヶ原を主戦場として行われた野戦で、中山道の関ヶ原の手前・赤坂宿の、街道筋から少し離れた小高い丘に、東軍の総大将徳川家康の「関ヶ原合戦岡山本陣址」がある。標高53メートルの見晴らしの良い高台で、家康が〝抗瀬川の戦い〟の一部始終を観戦したという物見台がある。この地は地図では勝山となっている。天下分け目の大合戦に勝利した徳川ゆかりの地を記念して、岡山の名を勝山に改称したという。

＊岡山本陣跡から関ヶ原の古戦場に向かうと、石柱「陣場野笹尾山」「田中吉政陣跡」と続き、この先に徳川家紋〝三つ葉葵〟の幟旗が立つ一画がある。入口に「史蹟 関ヶ原古戦場」の大きな石柱が建っていて、下の方に小さく〝徳川家康最後陣地〟と刻まれている。説明には「戦がたけなわになると、家康は本営を桃配山から笹尾山の東南1キロのこの地点に進出させた。ここで陣頭指揮に当たるとともに、戦いが終わると、部下の取ってきた首を実験した」とある。傍に敵の首を一つ一つ確認している様子を描いた絵があって、〝徳川家康最後陣地〟に入ると、中央に、「床几場徳川家康進旗験馘處」と刻まれた大きな碑が建っている。

＊東首塚の朱の門をくぐると、首実験された西軍将士の首を洗う〝首洗いの古井戸〟、その首が眠っている〝東首塚〟がある。少し離れたところに戦死者数千の首級を葬った西首塚がある。戦国期の戦場では、首実験後は敵味方の戦死者を弔い供養塔を築くのが習わしだったといわれている。

＊この関ヶ原の戦いは東西軍合わせ16万に及ぶ兵が、中山道、北国街道、伊勢街道が交差する関ヶ原一帯で戦った。今回訪れたのは関ヶ原の戦いの〝最後の決戦地〟となった古戦場だった。

▼大坂夏の陣〝樫井古戦場〟▲

豊臣方では、秀吉の子秀頼が成人すれば、家康も政権を返すものと考えていたが、江戸幕府開幕2年後の慶長10年（1605）、家康は征夷大将軍の職を子息の秀忠に譲り、徳川家が征夷大将軍職を世襲することを天下に示したこともあって、豊臣方と徳川家が対立していく。そして起こったのが「国家安康」の方広寺鐘銘事件。大坂城に真田幸村などの優れた武将や浪人が集められたため、家康は豊臣家の討伐を決意したといわれている。

天下分け目の戦いとなった関ヶ原合戦から14年後の慶長19年（1614）の冬、徳川家康は大坂城を攻め、翌年の元和元年（1615）の夏、再び攻撃し大坂城を落城させた。大坂夏の陣には、樫井の戦い（4月29日）、道明寺の戦い（5月6日）、八尾・若江の戦い（5月6日）、最後の戦いとなった天王寺・岡山の戦い（5月7日）がある。

＊奈良街道（暗越）を大阪から奈良に向かうと、近鉄奈良線の牧岡駅近くの児童公園に大坂夏の陣〝徳川家康本陣跡之碑〟が建っている。碑文によると、冬の陣では家康の三男秀忠は京都から生

駒山西麓を南下し11月16日にこの地「豊浦村」に宿陣した。翌年の夏の陣では5月6日、八尾・若江の激戦で豊臣方に大打撃を与え、この夜、家康一行は冬の陣にならって同じく豊浦村の中村家に宿陣したという。

＊熊野古道を和歌山市から大阪府・泉佐野市の樫井川（明治大橋）を渡ると、橋の袂に大坂夏の陣「樫井古戦場跡」碑が建っている。説明によると、大坂夏の陣の激戦の一つ、〝樫井合戦〟は元和元年（1615）4月29日ここ樫井の地で展開された。冬の陣の和議のあと、外濠を埋められた大坂方は、先手をとって大野主馬を主将に2万余の大軍を率いて出陣し、徳川方の和歌山城主浅野長晟の軍勢5千余と戦うべく泉州に進んだ。

浅野方の先陣は佐野市場へ到着したが、数的に劣勢な浅野方にとっては周囲が沼田で豊臣方の大軍が動かし難い地形の方が有利と判断し、軍を市場から安松、樫井に移した。一方大坂方は先手の大将・塙団右衛門と岡部大学の先陣争いから小勢で飛出してしまった。29日未明に塙、岡部の両将を迎え討った浅野方の勇将・亀田大隅は安松を焼き払い、池の堤に伏せた鉄砲隊で大坂方を悩ましながら樫井まで引き下がり、ここで決戦を挑んだ。

壮烈な死闘が街道筋や樫井川原で繰り返され、一団となって戦う浅野方、バラバラの大坂方。まず岡部が敗走し、塙は樫井で孤立のまま苦戦を続け、遂に矢を股に受け徒歩でいるところを打ちとられ、樫井合戦は大坂方の敗北で幕を閉じた。この夏の陣の緒戦が大坂方の士気に大きく響き、この後10日もたたない5月7日、堅固を誇った大坂城も落城し豊臣氏は滅亡したという。

ちなみに泉州は和泉国の別称で、大阪府南西部に位置する。

幕末の外国勢との戦い

徳川家康が江戸幕府を開いたのが慶長8年（1603）。寛永16年（1639）には鎖国を断行。その後230年近く安定した江戸時代が続き、慶応3年（1867）の大政奉還をもって江戸から明治へと時代が移った。

一方、西洋では、イギリスの産業革命（1770年頃～）、アメリカの独立戦争（1775年～）、フランス大革命（1789年）、そして、19世紀にかけて西欧列強による植民地化の波が東南アジアに及んでくる。

幕末の主な動きとして、文化元年（1804）露国使節レザノフの来航、同5年（1808）イギリス軍船「フェートン号」の長崎港侵入によって、緊迫した空気につつまれる。嘉永6年（1853）ペリーが来航。翌年の安政元年（1854）米・英・露と和親条約、同6年（1859）神奈川・長崎・函館の3港を開いて貿易開始、同年安政の大獄で吉田松陰処刑。文久2年（1862）生麦事件、同3年（1863）5月長州藩が米・仏・和蘭船砲撃、同年7月薩英戦争。元治元年（1864）下関戦争。慶応元年（1865）薩摩藩が英国へ留学生・外交使節団派遣、同2年（1866）薩長同盟、同3年（1867）坂本龍馬暗殺、同年大政奉還をもって明治へと時代が移る。（次頁表「幕末～明治維新の流れ」参照）

幕末～明治維新の流れ

1609	薩摩藩が琉球へ侵攻、実質的支配に入る	
1616	欧船の来航を平戸・長崎に制限	
39	鎖国令	
41	オランダ人を長崎の出島に移す（鎖国の完成）	
1778	ロシア船、蝦夷地に来て通商を請う	
92	ロシア使ラクスマン根室に来て通商を請う	
1804	ロシア使レザノフ、長崎に来て通商を請う	
8	イギリス軍船「フェートン号」の長崎港侵入	
23	シーボルトが出島和蘭商館医として来日	
44	琉球／フランス貿易許可（薩摩藩に限り）	
47	薩摩藩、琉球をイギリス、フランスに開港	
49		
50	洋式反射炉を築造し築地大砲鋳造所を建設（*1）	（吉田松陰　長崎遊学）
51		（島津斉彬が藩主になる）
53	米使ペリー浦賀来航	
54	安政の開国（米・英・露と和親条約）	日の丸が日本の総船印に
58	安政の大獄	（島津斉彬が49歳の生涯を閉じる）
59	神奈川、長崎、函館の3港を開き貿易開始	（吉田松陰が処刑される）
60		日の丸が国旗に

62　生麦事件

（攘夷戦⇓）
63　5月長州藩が米・仏・和蘭の商船や軍艦に砲撃

63　7月薩英戦争

64　8月下関戦争

（坂本龍馬　長崎へ）
65　薩摩藩、イギリスへ留学生・外交使節団を派遣（*2）

66　薩長同盟

明治維新／慶応3年　1867　大政奉還（徳川慶喜が統治権返上）

67　近江屋事件⇓坂本龍馬暗殺

↔

明治維新／明治元年　68　王政復古（天皇親政を宣言）

明治政府スタート　68　戊辰戦争（鳥羽・伏見の戦い、東北戦争、函館戦争）

69　戊辰戦争終結

71　廃藩置県

74　佐賀の乱

国道、県道、里道の法令化、廃刀令　76　陣風連の乱（熊本）、秋月の乱（福岡）、萩の乱（山口）

明治政府が本格的にスタート　1877　西南戦争起こる、西郷隆盛自刃にて終結

78　紀尾井坂の変⇓大久保利通暗殺

内閣制度発足　85

立憲体制確立　89

（*1）佐賀藩が長崎台場の防衛用大砲を製造

（*2）文久3年（1863）の薩英戦争でヨーロッパ文化の偉大さを知った薩摩藩は、島津斉彬の遺志をついで、慶応元年（1865）イギリスへ留学生と外交使節団を派遣

▼下関戦争▲

下関戦争は馬関戦争ともいわれている。江戸末期、開国を迫る諸外国への危機感がたかまり、長州藩は全国にさきがけ外敵防御策をとり、長州藩主毛利元周《もとちか》は亀山八幡宮をはじめ、市内各地に砲台を築き攘夷戦に備えたといわれている。

明治維新の4年前、文久3年（1863）5月、久坂玄瑞の指揮によってアメリカ商船攻撃合図の砲弾が亀山砲台から発射。長州藩が攘夷実行という大義のもと、関門海峡を封鎖し航行中の米、仏、和蘭の商船や軍艦を砲撃し下関戦争へと発展した。下関海岸砲台を設置して報復に備えたが、翌年8月、米、仏、和蘭、英の4カ国連合艦隊17隻が報復措置として、関門海峡へ攻め入り長州軍は打ちのめされたといわれている。

長州藩が使用した大砲は天保製長州砲の旧式で連合艦隊にほとんど打撃を与えることができなかったという。あまりの戦力の違いに、敗北した長州藩は高杉晋作を全権大使に講和交渉に臨み終結。以後、政策を180度転換し、海外から新知識や技術を積極的に導入、軍備軍制を近代化していく。そして同時期に近代化路線に転換した薩摩藩とともに、倒幕への道を一気に進み、明治維新へと時代は流れていったといわれている。

＊山陽道の終点・下関の亀山八幡宮入口に、山陽道の基点を示す道標が立っている。この亀山八幡宮の石段を上っていくと、境内に下関戦争の火ぶたをきった亀山砲台跡がある。この亀山砲台は高台にあったため、砲口の角度を下に向けると砲身に込めた弾丸がころげ出るという失態を招くこ

とがあったという。

＊下関海岸沿いにこのとき使われた天保製長州砲がある。当時、下関海岸砲台に装備された長州藩の青銅砲は戦利品としてすべて持ち去られたが、その後、パリ・アンヴァリッド軍事博物館に保管されているのがわかり、原寸大で模造復元され下関海峡の近くに安置されたとのこと。幕末日本人の対外危機感を象徴する歴史的一品だといわれている。

▼薩英戦争▲

薩英戦争は文久3年（1863）7月、生麦事件の解決を迫るイギリスと薩摩藩の間で戦われた砲撃戦で、島津藩主の居城〝鶴丸城〟沖合の鹿児島湾で行われている。

正午に始まった砲撃戦は3時間を経過し双方に相当の被害がでたといわれている。最後尾で祇園之洲砲台を攻撃していたレースホース号が目の前で浅瀬に乗り上げたが、砲台はイギリスが誇るアームストロング砲で打ち砕かれていて為す術がなかったという。イギリス側の死傷者63名、薩摩側は死傷者13名だったが、イギリス側の艦載砲やロケット弾の命中率・射程が圧倒的に優位だったこともあって城下はすさまじい被害を被ったといわれる。西洋との力の差を知った薩摩藩は、この戦いを機に開国へと動き、一方、イギリスは薩摩藩の軍事力を高く評価し、幕府支持の方針を変更し薩摩藩に接近したといわれている。

＊薩摩街道の終点・鶴丸城跡から北東2キロほど離れたところに祇園之洲公園がある。ここに、砲台跡と薩英戦争記念碑が建っている。この砲台は島津斉彬が設置したもので、薩英戦争で初めて

実戦に供されたとのこと。薩英戦争戦闘図によると、砲撃戦は桜島と祇園之洲公園の間の海域で行われ、薩摩藩は桜島の袴腰砲台からも砲撃している。

＊東海道の生麦駅近くに「生麦事件発生現場」がある。ここに絵付き説明板が立っている。生麦事件は文久2年（1862）、横浜市鶴見区生麦において薩摩藩主島津久光が江戸から帰京の途に、行列を乱した英国人4人（1人は女性）を久光の従士が無礼討ちにしたという殺傷事件。

＊生麦事件発生現場近くに「鶴見橋関門旧跡」がある。説明によると、安政6年（1859）6月の横浜開港とともに、神奈川奉行は外国人に危害を加えることを防ぐため、横浜への主要道路筋の要所に関門や番所を設けて横浜に入る者を厳しく取り締まったとのこと。また、生麦事件の発生により、その後の警備のため川崎宿から保土ヶ谷宿の間に20か所の見張り番所が設けられたとある。

生麦事件は起こるべくして起こった事件のようで、当時は外国人斬りが横行、攘夷実行を強硬に主張する薩摩藩が外国人斬りしても不思議はなかったといわれている。

▼神戸事件▲

明治元年（1868）1月11日に維新政府から西宮警備の命をうけた備前藩兵が、神戸で上陸中の外国兵と衝突し交戦した事件。

＊山陽道を西宮から兵庫に向かうと、三宮神社の境内に「史蹟 神戸事件発生地」碑が建っている。説明によると、神戸開港早々の明治元年正月11日、尼崎に出向を命ぜられた岡山備前藩の隊士

の行列が三宮神社前を通過するとき、神戸沖に停泊中の外国軍艦の乗組員数名が行列を横切った。隊士の滝善三郎正信は日本の風習から無礼を怒って相手を傷つけた。それがもとで外国兵と備前藩士の一行との間に砲火を交える騒ぎとなった。その結果、神戸の街は外国兵によって一時占領されてしまったという。結局、滝善三郎は責任を一身に負い、外国人代表ら立会いの面前で切腹して問題は解決したとのこと。

明治維新と内戦

明治維新とは、慶応３年（１８６７）10月の将軍徳川慶喜の大政奉還から、同年12月の明治天皇の王政復古宣言、翌４年（１８６８）の江戸幕府の倒壊を経て、明治新政府成立に至る一連の統一国家形成への政治改革過程をいっている。明治元年（１８６８）の明治新政府成立と共に、旧幕府勢力を一掃する内戦〝戊辰戦争〟が翌年まで行われ、勝利した明治新政府が日本を統治する政府としてスタートした。

明治新政府によって改革された諸制度と内戦を列挙すると、明治４年（１８７１）廃藩置県、同５年（１８７２）太陽暦採用、同６年（１８７３）徴兵令公布、地租改正条例公布、同７年（１８７４）〝佐賀の乱〟、同９年（１８７６）廃刀令、同10年（１８７７）〝西南戦争〟、となる。

太陽暦採用とは、明治５年（１８７２）12月３日を、同６年（１８７３）１月１日とした太陽暦への切り替えのことで〝明治の改暦〟といわれている。地球が太陽の周りを回る周期を基にして作られた暦で、現在使っている暦はこの日から施行されたことになる。

◉戊辰戦争

戊辰戦争は明治元年（１８６８）の王政復古を経て、薩長土肥を中心とした明治新政府が親江戸幕府勢力を一掃した日本の内戦で、明治元年の干支が戊辰だったことからこの名で呼ばれている。

この戊辰戦争は薩長と幕府の主導権争いに起因する〝鳥羽・伏見の戦い〟、会津藩・庄内藩の処分問題に起因する〝東北戦争〟、旧幕府勢力の最後の抵抗となった〝箱館戦争〟の３段階に区分され、最大の戦争となったのが東北戦争といわれている。薩長は、京都守護職の会津藩と幕府の要職にあった庄内藩の二つの藩と対立し、両藩は朝敵として新政府の攻撃対象となった。その後、奥羽諸藩が会津藩・庄内藩の〝朝敵〟赦免を嘆願したが拒絶されたため明治元年4月、新政府に対抗する奥羽越列藩同盟が結成され、戊辰戦争は東北全域を巻き込む内戦となった。

【鳥羽・伏見の戦い】（明治元年1月3～4日）

江戸幕府を廃絶し新政府樹立が宣言（王政復古）されたが、上手く事が運ばないこともあって武力による倒幕を指向していた薩摩は幕府軍を挑発。一方、幕府側は討薩の気運が高まり慶喜上京を名目に京都に軍を進めた。幕府軍の入京は政府崩壊に繋がることから政府は徳川征伐に出て、京都の鳥羽・伏見で衝突し戦端が開かれたという。幕府軍は1万5千人の兵力を擁しながら5千人の新政府軍に敗れ、以後戊辰戦争の舞台は関東から北陸、東北地方へと移ってゆく。新政府軍は東征軍が組織され、東山道、東海道、北陸道に分かれて東に向かう。

＊京街道を山科から伏見に向かうと、御香宮神社がある。その神社の由緒書きに、「伏見鳥羽の戦いに、当社は薩摩藩の陣営となり、大手筋を隔てて南の伏見奉行所の幕府軍と戦いましたが、幸いにして戦火を免れました」と記されていた。

＊伏見の京料理〝魚三楼〟の前には、玄関横の柱と格子戸に弾痕が生々しく残っている。ここに、「鳥羽伏見戦の弾痕」と題して、「幕府の大政奉還の奏上、朝廷の〝王政復古の令〟の直後に朝廷側が決定した将軍慶喜の辞官、納地は、幕府を怒らせ、京へ攻め上ってきた。新政府軍は、これを鳥羽伏見で迎え撃ち、伏見で一大市街戦が展開された。幕府軍は敗れ、淀、大阪方面へ退却。この戦乱で伏見の街の南半分が戦災焼失、街は焼野原となったが、この建物は弾痕のみの被害で焼失を免れた」といった内容が記されていた。宇治川に沿って淀城跡に向かうと「戊辰役激戦之址」の標柱が立っている。

▼甲州柏尾の戦い（明治元年3月6日）**▲**

甲州街道の笹子峠を越えて甲府に向かうと、甲州ぶどうの産地・勝沼の手前、国道20号沿いに〝柏尾古戦場〟がある。立派な〝近藤勇之像〟が建っていて、〝甲州柏尾の戦い〟の碑文が刻まれている。明治元年（1868）、近藤勇率いる新選組・会津藩兵からなる幕府軍甲陽鎮撫隊と因幡・土佐・高遠藩兵からなる官軍がこの地で戦った。甲府城占拠を目指す幕府軍は先に甲府入城を果たした官軍を迎え撃つため、勝沼宿に2ヶ所の柵門、柏尾の深沢左岸東神願に砲台を設け備えたが、甲州街道、岩崎方面、菱山越の三手に別れ、攻撃を加えた官軍の前に敗れ敢え無く敗走。この戦いは、甲州に於ける戊辰戦争唯一の戦いであり、甲州人に江戸幕府の崩壊を伝えたという。

＊この甲州柏尾の戦いで敗れた幕府軍甲陽鎮撫隊の近藤勇は、後に捕縛され処刑されている。東海道を豊橋から岡崎に向かうと、赤坂宿と藤川宿の間の宿〝本宿村〟の法蔵寺境内に〝近藤勇首塚〟がある。説明によると、板橋で処刑された近藤勇は三鷹の龍源寺に埋葬されたが、首は京都三条大橋の西にさらされた。それを同志が三晩目に持ち出し、勇が生前敬慕していた和尚に埋葬を頼んだが、和尚は半年前に法蔵寺の貫主として転任していたので、ここに運ばれたとのこと。

▼今市の戦い（明治元年4月29日～）▲

〝甲州柏尾の戦い〟のあと、徳川慶喜の〝水戸にて謹慎〟等を条件に江戸城は無血開城された。旧幕府残党勢力は江戸城から徳川家の聖地〝日光〟を目指し、東山道を進む新政府軍と宇都宮で激突しているが、結局、攻防の舞台は日光へと移っていく。この前哨戦として今市付近で交戦している。

＊日光街道の杉並木街道に〝砲弾打込杉〟という戊辰戦争時の砲弾跡が残っている。一方、日光山僧の戦役回避の嘆願を受け入れた新政府の板垣退助は、幕府軍に日光山を下るよう説得し日光は戦火を免れている。日光街道の終点・日光橋の袂にその遺徳を讃えた、板垣退助像が建っている。

そして攻防の舞台は会津へと移っていく。

▼会津西街道での戦い（明治元年6月～）▲

会津西街道は会津と今市を結ぶ道で江戸へ向かう最短ルートとして会津藩や近隣諸国藩主が参勤交代に利用していた。幕府軍は今市から一旦会津へ退いたあと、会津をめざす新政府軍の前進を阻もうと、鬼怒川公園駅近くの〝小原沢古戦場〟から〝大内峠古戦場〟へと会津西街道に沿って戦いが行われている。大内宿まで撤退を余儀なくされていた会津軍は、峠を越えさせてはならない南側の防御線であるため、この尾根伝いに陣を張り、進軍してくる新政府軍と3日間熾烈な戦いを続け、両軍とも多くの犠牲者を出したといわれている。

＊大内峠を下って関山の集落に来ると墓石「戦死四十人墓」が建っている。慶応4年（1868）9月2~3日にわたり関山・栃沢攻防の激戦の舞台となったところで、双方とも死傷者が続出、東軍では40名が戦死。関山の民家は敵の進撃を阻止するため全戸兵火にかけられたという。この悲惨な戦いがあった名残をとどめるかの如くその墓が建っている。朝敵・賊軍の汚名を着せられたため、最初の墓石は自然石で祀られたが、後に現在のものに再建されたとのこと。

【東北戦争】

陸奥・出羽・越後の諸藩は、当初新政府に従って会津藩と庄内藩への追討を命じられていたが、両藩への赦免嘆願書が無下に却下されたこともあって明治元年4月に新政府に対抗する奥羽越列藩同盟が結成され、戊辰戦争は東北全域を巻き込む内戦へと拡大していった。いわゆる東軍と新政府軍の西軍との戦いとなった。

▼白河口の戦い（明治元年4月25日〜7月29日）▲

戊辰戦争の流れに大きな影響を与えた戦いで、白河城をめぐる幕府軍との攻防から最終的に新政府軍が白河城を奪還。今市の戦いの勝利もあって新政府軍の勢力が北へ向かい、白河周辺をも支配下に収め本宮へと進軍。この白河口の敗北によって幕府軍は勝機を失い、本宮を抑えた新政府軍は続いて二本松少年隊で知られる二本松城も落とし、東北戦争の大勢が決したといわれている。

＊奥州街道を大田原から白河市街に入ると、会津藩戦死墓と鎮魂碑、長州・大垣藩の墓が建っている一画がある。ここに、「戊辰の役古戦場」と題して、「奥羽諸藩鎮定のため薩摩・長州・大垣藩等の官軍が大挙して白河を攻め、会津・仙台・棚倉藩の兵は白河城の南西の山に陣を敷いて迎え撃った。この地は白河口での最大の激戦地で、一旦官軍を退けたが再度の来襲で弾尽き、刀折れ、戦死者数知れず、遂に敗退のやむなきに至り、白河城は遂に落城、城郭は焼失した」といった内容が記されていた。

＊本宮に、東軍（二本松、仙台藩）と西軍（薩摩、土佐藩等）が阿武隈川をはさんで激しく銃火を交えた際に戦死した土佐藩士の碑が建っている。

▼二本松城落城（明治元年7月29日）▲

慶応4年（1868）7月、戊辰戦争の最中に二本松藩大半の兵力が西軍を迎え撃つべく出陣し、城内・城下は空虚同然になったという。この緊迫した状況の下、少年たちの出陣嘆願の熱意に、藩主はやむなく出陣許可を与え、13歳から17歳までの62名が出陣。7月29日、隊長木村銃太郎率いる少年25名が果敢に戦ったが、正午ごろ二本松城は炎上し落城したという。

＊二本松城は丘陵と阿武隈川を利用して造られた山城。高台にあるので二本松市街地を一望でき、西は安達太良山から東は遠く阿武隈高地までの360度の眺望は素晴らしい。この二本松城は西軍との徹底抗戦で城内・家中屋敷のすべてを焼失したといわれている。大砲と刀を構えた二本松少年隊像が再建された正門前に建っている。城址は霞ヶ城公園になっていて、公園内に二本松少年隊顕彰碑や自尽した丹羽城代、安部井勘定奉行の碑がある。

▼鶴ヶ城落城（明治元年9月22日）▲

会津西街道の終点・会津鶴ヶ城大手門から北出丸大通りを北に向かうと、「会津戊辰戦争終結の地」の説明板が立っている。ここに〝泣血氈《きゅうけつせん》の誓い〟と題し、次のように記されている。

「明治元年（一八六八）九月二十二日午前十時、一ケ月の籠城戦に耐えた鶴ケ城に、遂に降伏の白旗が掲げられ、会津戊辰戦争は終結しました。この日の正午、錦旗を擁した西軍の軍監・中村半次郎等を迎え、会津降伏式が行われました。式はここ甲賀町通りの路上で行われたのです。式場には、薄緑という畳表に縁布を付けた物を敷き、その上に十五尺四方（約四・五ｍ）の緋毛氈が敷かれました。その上で松平容保《かたもり》、喜徳公父子によって降伏の調印がなされました。それは天皇家に忠誠を尽くした会津が、逆賊の汚名を着せられての敗戦でした。終了後、会津藩士たちはこの日の無念を忘れぬために、その場に敷かれた緋毛氈を小片に切り刻み、おのおの懐中深く持ち帰ったといわれています。後にその毛氈は〝泣血氈〟と呼ばれ、会津人の心の奥深く刻み込まれる事となりました」

最後に、開城前夜に山本八重子が詠んだ「明日よりはいづくの誰かながむらんなれし御城に残す月影」の短歌が添えてある。

▼野辺地戦争（明治元年9月22日）▲

奥州街道の野辺地湾沿いを北西に向かうと、野辺地戦争戦死者墓所がある。説明によると、東北地方の諸藩は奥羽越列藩同盟を結成したが、各藩の思惑は一致せず、秋田藩・弘前藩などは、その後官軍支持に立場を変えた。明治元年9月22日夜半、弘前藩の津軽軍勢約180人が突如南部領に侵攻。藩境の馬門に火を放ち野辺地の代官所をめざしたが、藩境の防備にあたっていた盛岡藩・八戸藩連合の南部軍はこれに応戦。夜明けまで戦いは続いたが津軽軍は多くの死傷者を出して敗走した。幕府支持を続けた盛岡藩は、その後、伊達領白石に転封されたという。少し行くと津軽藩と南部藩の藩境塚がある。

【箱館戦争】（明治2年5月終結）

会津戊辰戦争終結後、幕府軍の残党が蝦夷地（北海道）へ渡り箱館五稜郭を占拠。明治元年12月、仮の政権を樹立し、徳川家臣による蝦夷地開拓の許可を政府に求めるが、翌2年春、政府は征討軍を派遣して幕府軍の残党への攻撃を開始し箱館戦争が勃発。圧倒的な戦力で攻撃してくる新政府軍の前に土方歳三ら歴戦の面々の抵抗も空しく五稜郭は包囲され、旧幕府軍は降伏。幕末維新の

動乱はここに終結した。（函館五稜郭資料より。明治になるまで函館は「箱館」と表記されている）

⦿佐賀の乱

明治7年（1874）2月、江藤新平・島義勇らが征韓論反対の政府に不満を抱き、佐賀で挙兵した叛乱。明治政府は四民平等政策のもと大名、武士階級を廃止し華族・士族を創設。さらに俸禄制度の撤廃、廃刀令の施行など身分的特権を廃止した。佐賀の乱はこの明治政府に対する士族反乱の一つで佐賀の役、佐賀戦争ともいわれている。

明治6年（1873）に制定された徴兵令による国民軍が軍隊を編成した後の最初の大規模な内戦で、佐賀県、つづいて熊本県（神風連の乱）、福岡県（秋月の乱）、山口県（萩の乱）へと広がり、いずれも士族側の敗戦に終わっている。この反乱は最後に薩摩士族が西郷を擁立して戦った、最大規模となる西南戦争へと発展している。

＊佐賀城跡を訪れると石垣だけが残っている。明治初期に起こった佐賀の乱で大半の建造物は焼失したという。

征韓論とは明治6年（1873）、西郷隆盛、副島種臣、後藤象二郎、板垣退助らが、朝鮮の排日・鎖国の態度に対してこれを討つことを主張した議論。岩倉具視、木戸孝充、大久保利通ら内治優先派の反対にあい、主唱者たちは参議を辞職・下野した。一方、西郷隆盛は征韓論ではなく遣韓大使派遣論を唱えていたともいわれている。

◉西南戦争

西南戦争は、明治10年（1877）2月15日に西郷隆盛を盟主にして起こった、明治新政府に対する不平士族の最大かつ最後の反乱。

明治6年（1873）の西郷隆盛は遣韓使節をめぐる政争に敗れて東京から鹿児島に帰った後、私学校を開き後進の指導にあたったが生徒の血気に押されて挙兵。薩摩軍の先発隊は満を持して鹿児島を出陣。本隊および後続部隊の約1万3千の大軍がこれに続いて北上し、籠城を決意した熊本城を総攻撃するも攻めあぐね、3日間の激戦の末、薩摩軍は一兵も城内に入ることができず、攻囲軍を残して政府軍が南下してきた田原坂へと兵を進めたといわれている。田原坂は熊本城から北に約10キロ、山鹿は北に約30キロの位置にある。

一方、薩摩軍鎮圧のため政府軍は山鹿から約5キロ北、津留の正円寺に本陣を構えて山鹿へ南下し、本陣を構えた薩摩軍と山鹿〜田原坂一帯で交戦。一進一退を繰り返したが官軍の勢いが増し、最後、田原坂の激戦に敗れた薩摩軍は多くの死傷者を出しながらも南下し、故郷・城山（鹿児島）で最後の決戦を行い、明治10年（1877）9月24日、西郷は城山で自刃したといわれている。こうして西南戦争は終結し、明治政府が本格的にスタートした。

＊薩摩街道の筑後・肥後の国境を越えて熊本県に入ると西南戦争の足跡、史跡がいろいろ残っている。南関町に官軍墓地があり、山鹿に向かうと栗畑や野菜畑が広がるところに〝西南の役古戦場跡〟がある。官軍が砲台を築いて薩摩軍を迎え撃ったところで、説明板を読んでいると、地元の人

が「街道沿いの畑には穴を掘って待ち伏せした跡が今も残っている」と話してくれた。

＊さらに〝政府軍の台場跡〟〝西南の役鍋田戦跡（車坂）〟と続き、山鹿温泉街近くの山鹿市立博物館の一画に、西南の役戦没者慰霊碑、山鹿口激戦の図、鹿児島戦闘記、高瀬口大進撃図、政・薩両軍山鹿口戦斗状況図、等が掲示されている。

＊熊本市に向かうと街道近くに西南の役最大の激戦地〝田原坂〟がある。そして熊本城をすぎると旧宿場〝川尻〟に熊本鎮台攻略の拠点として薩摩軍が構えた本営跡が残っている。当時、西郷隆盛以下１万５千人余りの兵で埋めつくされたという。

＊鹿児島市中心街に大きな西郷隆盛銅像が建っている。そして南州公園には西南戦争に敗れた薩軍２０２３名の将兵が眠る南州墓地がある。ここに、勝海舟歌碑と常夜燈が建っている。歌碑には「ぬれぎぬを 干そうともせず 子供らが なすがまにまに 果てし君かな　勝海舟」と刻まれていて、次のような説明が添えてある。

「明治6年（１８７３）、朝鮮への使節派遣の問題で新政府を去った西郷隆盛は、鹿児島にもどり、青年の教育のため私学校を設立。ところが明治10年この私学校の生徒が、西郷の意志に反して暴走。ついには西南戦争を引き起こした。この歌は、幕末以来西郷と親交の深かった勝海舟が、愛する私学校生徒に身を委ね生涯を閉じた亡友のために詠んだもの。隣に建つ常夜燈は、西郷隆盛と勝海舟との会談により、江戸城が無血開城され、江戸１００万市民が兵火を免れたことへの感謝のため、昭和14年5月当時の東京市によって建立された。歌碑はこの常夜燈と同じ花棚石でできてい

る」（要約）
＊祇園之洲公園に西南の役官軍戦没者慰霊塔が建っている。「戦死者は官軍側６８４０余人、薩軍側６４００余人、両軍の戦死者１万３２４０余人にのぼり、かぞえきれないほどの人々が親兄弟を失い、家を焼かれた」とある。最後の決戦となった城山には西郷隆盛洞窟がある。

第6章　明治維新の原動力となったエネルギー

長崎は唯一西洋への開かれた窓として海外から新しい学術や文化が伝えられ、坂本龍馬をはじめ、多くの幕末の志士や維新の英傑たちが長崎街道を通って長崎を訪れている。一方、長州藩は吉田松陰をはじめ、門下生の高杉晋作、久坂玄瑞、伊藤博文、山県有朋、吉田稔麿、それに桂小五郎等々、薩摩藩は島津斉彬をはじめ、西郷隆盛、大久保利通、小松帯刀等々、歴史に残る著名な人物を生み出している。

関門海峡を通過する外国船の脅威に直面した長州藩士や、琉球を通して早くから南方文化や西欧文化に触れていた薩摩藩士の国を憂うエネルギーが、明治維新を成し得たのではと思う。この長崎街道や長州藩士が通っていた山陽道、薩摩藩士が通った薩摩街道からは明治維新の原動力となったエネルギーが肌に伝わってくるものがある。（120頁「幕末～明治維新の流れ」参照）

長崎街道

寛永16年（1639）の鎖国から安政6年（1859）に横浜・函館が開港されるまで、数少ない海外への窓口・長崎に通じていた長崎街道。多くの幕末の志士や維新の英傑たちが長崎街道を通って長崎を訪れ、吉田松陰もこの街道を通って長崎へ向かい洋学研究をしたという。このように長崎街道は維新の志士と世界を結んだ道でもある。この道を通じて、色んな物や技術・文化が海外から伝えられ、肥前陶器や南蛮漆器など日本の伝統・文化が海外へと広がっている。

▼常盤橋を渡った象▲

長崎街道の起点・常盤橋を渡ると「常盤橋を象が渡った話」の絵付き説明板が立っている。説明によると、享保14年（1729）、広南（今のベトナム・ホーチミン市）から長崎港に送られてきた象が小倉城下に到着。常盤橋をそろそろと渡りこの日は宝町の町会所に泊まった。このうわさを聞いて集まった人々で大変賑わった。このあと関門海峡を渡り山陽道、東海道を上って江戸城に参上したという。想像するだけでも面白く、長崎街道ならではの話だと思う。

▼佐賀藩が築いた大砲鋳造用の築地反射炉▲

反射炉とは燃料を燃やした熱を壁や天井の面で反射させて炉内の温度を上げ、鉄や銅などの金属を溶かす溶解炉のこと。佐賀藩主の鍋島直正はオランダの技術書等を翻訳させて理論や仕組みを研究し、反射炉内の高温に耐える耐火レンガに有田焼の技術を使ったという。この反射炉に必要な耐火煉瓦の製造技術は、明治時代の洋式建築物に利用されるなど歴史の転換に重要な役割を担ったといわれている。

＊長崎街道を佐賀城から西に向かうと市立日新小学校構内に、日本で最初に造られた鉄製大砲鋳

造用の洋式反射炉跡がある。ここに次のような説明プレートが埋め込まれている。

「佐賀藩は寛永19年（1642）から長崎港の警備にあたってきたが、文化元年（1804）露国使節レサノフの来航、同5年（1808）イギリス軍船〝フェートン号〟の長崎港侵入があり、長崎港の警備はそれ以来緊迫した空気につつまれた。

鍋島直正が10代藩主につくと、これに対処するため長崎港台場の増設と洋式大砲の設置を痛感し、嘉永3年（1850）築地（今の日新小学校）に反射炉を築き日本で最初の鉄製大砲の鋳造に成功した。嘉永6年（1853）ペリーが来航すると、幕府は江戸湾防備のため品川に台場を新設し大砲を佐賀藩に注文した。そこで佐賀藩では多布施に公儀用の反射炉を増築し、安政3年（1856）までに24ポンド砲25門、36ポンド砲25門を納めた。さらに150ポンド砲3門を幕府に献上した。また当時、世界で最高の技術を要するアームストロング砲を佐賀藩では元治、慶応年間に3門鋳造することに成功している。この大砲は、この時品川砲台に備えられたものの一つであって、その頃のわが国科学技術の最高水準をうかがうことができる」

＊嘉永5年から慶応年間までに佐賀藩が製造した大砲は271門に及んだといわれ、我が国最初の鉄製カノン砲（復元）が説明プレートの横にあった。これらは諸外国への危機感をエネルギーとして成し得た技術進歩であり、こういうことを知ると日本人は優秀な民族だと思う。

▼長崎にやってきた坂本龍馬▲

勝海舟に同行して長崎にやってきた坂本龍馬は、港に停泊するオランダ船、行き来するカピタン

（オランダ商館長）、西洋屋敷の並ぶ港町で外国を肌で感じ、自らの世界観をゆるがし、日本という枠組みを越えて世界と渡りあう国際人に成長したといわれている。薩長同盟を結び、その柔軟な発想は〝船中八策〟を考え、大政奉還を導き、明治維新の礎となっている。しかし、慶応3年（1867）11月15日の夜、維新の夜明けを目前にして、京都の近江屋で刺客に襲われ暗殺されたという。坂本龍馬33歳、近江屋事件といわれている。

＊長崎のシーボルト通りに歴史を語る文化財や史跡などの説明パネルが立っている。この一つに「坂本龍馬と長崎街道」の説明があった。それによると、坂本龍馬が初めて長崎にやってきたのは、元治元年（1865）2月23日、師である勝海舟の長崎出張に同行してのこと、とある。（長崎街道）

▼長崎の出島和蘭商館跡▲

出島は寛永13年（1636）キリスト教の布教を防ぐ目的で、市中に雑居していたポルトガル人を一カ所に集め、住まわせるために幕府の命により造られた面積約1万5千平方メートルの扇形をした人工の島。寛永16年（1639）の鎖国令によるポルトガル人退去後は一時無人の島となったが、同18年（1641）出島の対岸にあった平戸のオランダ商館がここに移され、以来、安政元年（1854）の開国までの215年間、我が国で唯一西洋に向けて開かれた窓として海外から新しい学術や文化が伝えられた。そして安政6年（1859）、神奈川・長崎・函館の3港が開港され本格的な貿易が開始されることになった。

＊長崎街道の終点〝長崎県庁〟の裏に出島オランダ商館跡がある。この出島内にはオランダ商館員の住いや倉庫などが建ち並び、家畜を飼い、様々な植物が植えられていたという。周囲は海に囲まれ、長崎市街から出島に通じる唯一の出入口が江戸町から石橋を渡ったところにある表門で、厳重に警備されていて商館員や日本人の自由な出入りは禁止されていたといわれている。明治以降、出島周辺の埋め立てが進み、海に浮かぶ扇形の出島はその姿を消してしまったが、現在、出島復元整備事業によって建物の復元と合わせて石垣などの周辺整備が進められている。すでに一般公開されていて、次第に姿を現す〝出島〟を見ることができる。

▼**出島の三学者**▲

出島関連年表によると、慶長14年（1609）平戸にオランダ商館を設置、寛永13年（1636）出島完成（ポルトガル人を出島に収容）、同18年（1641）オランダ商館を平戸から長崎の出島に移す、元禄3年（1690）オランダ商館医・ケンペルが来崎、安永4年（1775）同・ツュンベリーが来崎、文政6年（1823）同・シーボルト来崎。この商館医として来崎したケンペル、ツュンベリー、シーボルトの3人は出島の三学者といわれている。

• ケンペルはドイツの医師・博物学者で、元禄3年（1690）にオランダ東印度会社の船医として来日。日本の社会・文化から動植物、地理・気候などさまざまな分野の研究を行い、帰国後に「日本誌」を刊行している。ここに、日本には聖職的皇帝（天皇）と世俗的皇帝（将軍）の2人の支配者がいると紹介しているらしい。

・ツュンベリーはスウェーデンの植物学者・医学者で、連合オランダ東印度会社の医官として安永4年（1775）に来日。日本の植物を採集、研究するかたわら、多くの日本人を教育するなど、日本の医学・博物学の発展に貢献し、帰国後「日本植物誌」などの書を記し、採集した標本や精密な植物画は現在でもウプラサ大学に残っているという。

・シーボルトはドイツの医師・博物学者で、文政6年（1823）オランダ商館の医者として来日。日本の文化などの調査や研究を行い、その成果をヨーロッパに紹介。そのかたわら、蘭方医を育成する鳴滝塾を開き近代医療に貢献している。

＊出島和蘭商館跡の復元された植物園に「ケンペル・ツュンベリー記念碑」が建っている。説明によると、文政6年（1823）に来日した商館医シーボルトは、同じく商館医として来日し、日本の研究を行ったケンペル（1690年来日）及びツュンベリー（1775年来日）の偉業を顕彰するため、文政9年（1826）にこの記念碑を出島の花畑に建てた。ケンペル、ツュンベリー、シーボルトの三人は出島の三学者といわれ、彼らが日本の発展に寄与し、また日本文化を海外に紹介した功績は大変大きなものだったという。

碑面にラテン語で「ケンペル、ツュンベリーよ、見られよ、君たちの植物がここに来る年毎に緑そい咲きいでて、そが植えたる主をしのびては　愛でたき花のかつらをなしつつあるを、シーボルト」と刻まれている、との訳文が添えてある。

＊長崎県庁の片隅に「海軍伝習所・奉行所西役所・イエズス会本部」跡碑がひっそりと建ってい

る。この長崎海軍伝習所は、安政2年（1855）、長崎奉行所西役所内に海軍伝習所が設けられ、教授陣にはオランダ海軍の士官らを招き、航海技術、造船技術などの軍事教育は無論のこと、西洋の近代的学問を教育。勝海舟らの幕臣をはじめ佐賀、福岡、薩摩などから多数の藩士たちが派遣され、幕末から明治にかけて活躍した多くの人材を送り出したという。

▼伝統と文化の東西交流▲

江戸時代、数少ない海外への窓口に通じていた長崎街道。この道を通じて、色んな物や技術・文化が海外から伝えられ、また日本の伝統が海外へと広がっている。

有田焼、波佐見焼といった肥前陶器は長崎街道を通って出島に集荷され、唐津・オランダ船によって東南アジア諸国、ヨーロッパに向けて積み出されている。また、オランダ商館からの注文品に青貝細工の棚や机といった木工品・漆細工などが多く見られ、浮世絵の大胆な画法や構図は、写実的なヨーロッパ画壇に新風を巻き起こしたといわれている。日本の伝統工芸である漆蒔絵や貝を薄く削り出し形作る螺鈿細工の素晴らしさに注目した南蛮人が、彼らの求める漆器とデザインを示して日本の技術者に造らせたのが南蛮漆器で、この美しい南蛮漆器はヨーロッパに輸出されていたという。

また、長崎や平戸に荷揚げされた品々の中で、日本の食文化に大きな影響を与えたのが砂糖。この頃から九州の食に甘味文化が生まれ、この地で独特の発展を遂げた。街道沿いには南蛮菓子を起源に持つカステラ、丸ボーロ、鶏卵そうめんなどの菓子文化が誕生している。この砂糖は長崎街道を通って日本各地へ。特に将軍たちの嗜好品としてもてはやされ、長崎街道はシュガーロードと呼ばれていたという。

山陽道

山陽道には大阪湾防備に設けた西宮砲台をはじめ、外国船を挟み撃ちする砲台跡が要所要所に設けられている。幕末から維新にかけて活躍した吉田松陰や高杉晋作の足跡、下関には長州藩が関門海峡を通過する外国船を砲撃した砲台跡、この時使われたという天保製長州砲など、他の街道には見られない明治維新の原動力ともいえるエネルギーを感じさせるものがある。

▼外国船を挟み撃ちする砲台跡▲

西宮港の御前浜公園の一角に西宮砲台（国史跡）がある。幕末動乱の最中、アメリカ、ロシアなどの軍艦の来航を見た幕府が、京都を警護する要地にあたる大阪湾に砲台を築いたもので、円筒形の本体には砲眼11個と窓1個が穿たれ、大砲で四方を狙うことができる構造になっている。着工は文久3年（1863）で、実際には使われることなく明治時代を迎えたという。

＊明石海峡大橋の近くに舞子砲台跡がある。幕末の文久3年（1863）外国船の侵攻に備えて勝海舟の指導で築造した砲台とのこと。対岸・淡路島の松帆台場と協力して明石海峡を通過する外国船を挟み撃ちするものだったが、一度も使われることがなかったという。

▼攘夷戦に備えた長州藩▲

江戸末期、開国を迫る諸外国への危機感が高まり、長州藩は全国にさきがけて外敵防禦策をとっている。長州藩主毛利元周は亀山八幡宮をはじめ、市内各地に砲台を築き攘夷戦に備えたという。そして、文久3年（1863）攘夷実行の大義のもと、関門海峡を封鎖し米、仏、和蘭の商船を砲撃して下関戦争へと発展。この戦争の火ぶたを切ったのが、下関の亀山八幡宮境内に設置された亀山砲台で、近代日本の幕開けを告げる第一弾を発射したといわれている。詳細は前述「下関戦争」（122頁）の通り。

▼長州藩士〝高杉晋作〟▲

高杉晋作は吉田松陰の松下村塾に入門。文久2年（1862）幕府貿易視察団に加わって清国上海に渡り、ヨーロッパの半植民地と化した街を見て大変な衝撃を受けたといわれている。翌年下関を外国艦から守るための奇兵隊を結成。この奇兵隊は武士以外でも志があれば入隊を許可した画期的な軍隊で、長州藩が外国艦隊と砲火を交えるに及び自ら初代総監になっている。

下関戦争に敗北した長州藩は、高杉晋作を全権大使に講和交渉に臨み戦争は終結。以後、藩論を討幕路線に統一。さらに薩長同盟の締結を推進し、各地で倒幕戦を指揮し明治維新のさきがけとなっている。慶応3年（1867）、結核のため下関において27歳8カ月の生涯を閉じている。

＊山口県の厚狭から長府に向かうと、吉田宿（下関市吉田）に伊藤博文、山縣有朋、井上馨らの寄付によって建てられた東行庵がある。東行は晋作の号。ここに高杉晋作の墓と顕彰碑、銅像が建っている。顕彰碑には「動けば雷電の如く発すれば風雨の如し」という名文に始まって東行の残

した業績が記されているという。

▼長州藩士〝吉田松陰〟（明治維新の精神的指導者といわれている）▲

吉田松陰は嘉永3年（1850）、九州の長崎、平戸に遊学して海外事情や兵学を学び、当時の幕府体制の不条理を感じ、目は次第に外国へと向いてゆく。ロシア船の北方出没を知りその防備を確かめるため、嘉永4年（1851）、江戸から140日間に及ぶ東北遊学の旅に出ている。この視察状況を記録したのが〝東北遊日記〟といわれている。

嘉永6年（1853）、ペリーが浦賀に来航すると、師の佐久間象山と黒船を視察。西洋の先進文明に心を打たれ、その後、再び長崎を訪れ、来泊中のロシア艦に乗り込もうしたが失敗。再度来航中のペリー艦隊にアメリカ密航を求めたが拒否され、その罪により伝馬町の牢屋敷に送られた。

安政2年（1855）に出獄を許された後、叔父が主宰していた松下村塾の名を引き継いで松下村塾を開塾。ここで長州藩の久坂玄瑞や伊藤博文、山県有朋、吉田稔麿など、幕末維新期に活躍する門下生が育っている。

安政元年（1854）幕府が無勅許で日米和親条約を締結したことを知って激怒し、討幕を表明して老中首座であった間部詮勝の暗殺を計画したが、塾生の久坂玄瑞、高杉晋作や桂小五郎らの反対で頓挫したといわれている。このため長州藩に自首。老中暗殺計画を自供し野山獄に送られた。井伊直弼による安政の大獄が始まると、江戸の伝馬町牢屋敷に送られ素直に罪を自供したのが仇となって井伊直弼の命により、安政6年（1859）斬刑に処された。享年30歳。

〈吉田松陰の足跡〉

＊会津西街道の終点・会津若松の街中に「清水屋旅館跡」碑が建っている。説明によると、吉田松陰は嘉永５年（１８５２）、22歳の時に東北各藩を歴訪する大旅行をしている。中でも会津藩には特に強い関心を示し、２度にわたって訪れ、多くの人々と会い見聞を広めた。松陰の旅の記録〝東北遊日記〟に記された七日町の宿がここ〝清水屋〟だという。

＊奥州街道を平館から三厩に向かうと、今別の海岸を背に吉田松陰の〝東北遊日記〟と題した記念碑が建っている。碑文に「嘉永５年（１８５２）３月５日、小泊から算用師峠を越え三厩から南下した松陰は、津軽海峡の異変を、藩を越え日本的視野で捉えている。23歳であった」とある。そして三厩から竜飛崎に向かうと算用師の標識が立つところに、「みちのく松陰道入口」の標柱が立っていた。

＊広島県から山口県へ向かうと、県境近くの古道に〝吉田松陰・腰掛の岩〟がある。江戸への往復時に松陰が腰を掛けて休んだという岩で、道脇に紙にプリントされた吉田松陰の詩がセロテープで張ってある。安政元年（１８５４）のペリー来航の時に密航を企てて捕まり、萩に護送されるときに詠んだ詩だという。

＊両国橋を渡って山口県（周防国）に入ると、安政６年（１８５９）５月、幕府の召喚を受けて籠で護送される途中、防長２州と最後の別れをするとき詠んだ「夢路にも」の歌碑が建っている。同年10月に伝馬町獄で処刑されている。

▼長州藩と〝萩城下町〟▲

慶長5年（1600）、西軍の総大将として関ヶ原の戦いに敗れた毛利輝元は、それまでの領地中国地方8カ国112万石から、防長2カ国36万石に削封され、慶長9年（1604）に萩の指月山に新たに居城を築き、並行して城下町の建設を進めたといわれている。

＊萩の城下町は〝松陰神社周辺〟と〝萩城下町周辺〟に大きく分けられ、松陰神社周辺には、松陰神社をはじめ松下村塾（国史跡）、吉田松陰幽囚ノ旧宅（国史跡）などがある。

松陰神社は、明治23年8月、松下村塾改修の際、塾生等故旧の人々の協力により、実家杉家の私祠として村塾の西側に土蔵造りの小祠を建て、神霊を鎮祭し、併せて遺墨・遺品を収めたのが始めとのこと。明治40年9月15日、塾生伊藤博文、野村靖の名を以って公に神社創建を出願、同年10月4日県社として認可を得て創建されている。（松陰神社由緒より）

また、境内入口に石碑「薩長土連合密議之處」が建っている。説明によると、文久2年（1862）1月、土佐藩士坂本龍馬が、同藩士の武市瑞山の書簡をもって久坂玄瑞を訪ねて来萩し、この場所にあった鈴木勘蔵の旅館に泊まった。たまたま薩摩藩士田上藤七も同藩士樺山三円の書簡を持参して来ていた。図らずも久坂を中心に薩長土の3藩士が一堂に会することになり、後日の薩長土連合を暗示する前兆となったという。この石碑は明治百年記念の昭和43年（1968）に建立。自然石で造られていて、向かって右から「薩州・田上藤七、長州・久坂玄瑞、土州・坂本龍馬、薩長土連合密議之處、岸信介書、文久2年1月、鈴木勘蔵 宿之跡」と刻まれている。

境内の外に出ると、近くに伊藤博文の銅像、伊藤博文旧宅（国史跡）、伊藤博文別邸、少し離れたところに吉田松陰誕生地と墓所が、それと楫取素彦旧宅地がある。

＊萩城跡に向かうと、途中に吉田松陰が投獄された野山獄跡がある。吉田松陰はここで仲間の囚人を教化するという前例のない教育活動を行っており、路地を挟んで向かい側に岩倉獄跡がある。野山獄は上牢として士分の者の収容を、岩倉獄は下牢として庶民を収容したといわれている。

萩城下町周辺には、菊屋横丁、伊勢屋横丁、江戸屋横丁と並ぶ一画に、高杉晋作立志像、高杉晋作誕生地、小田村伊之助旧宅地、日本屈指の蘭学者・藩医の青木周弼旧宅、木戸孝允誕生地（旧宅）等がある。近くの中央公園に久坂玄瑞進撃像、反対側に山県有朋の騎馬像が建っている。少し離れたところに久坂玄瑞と山県有朋の誕生地がある。

この萩城下町は〝国史跡〟になっているだけあって、旧武家屋敷跡周りはもちろん、白壁土塀と石垣がつづく小路が幾つもあって、往時の面影を色濃く残している。しかも松陰神社周辺や萩城下町周辺には、幕末から明治維新の歴史が詰め込まれている。一国を動かした小さな私塾〝松下村塾〟、この小さな城下町が時代を大きく変えた。この幕末志士を育んだ維新胎動の地・萩はすごい歴史の町だ！

〝萩〟には、日向街道を歩き終えた鹿児島からの帰りに立寄った。吉田松陰は若くして斬刑に処されているが、吉田松陰の人となりを知ると、とても好奇心旺盛で誠実な人だったと思われる。

薩摩街道

街道筋に西南戦争で戦死した人たちを埋葬した墓地や古戦場跡が生々しく残っているのは痛々しいが、薩摩藩は島津斉彬をはじめ、大久保利通、西郷隆盛、小松帯刀等々、歴史に残る著名な人物を生み出している。とくに島津斉彬は早くから開国論を唱え、日本は西欧諸国のような強く豊かな国に生まれ変わらねばならないと、富国強兵・殖産興業政策を推進。また、幕府に働きかけ、日の丸を日本の国旗に昇格させている。

薩英戦争でヨーロッパ文化の偉大さを知った薩摩藩は、島津斉彬の遺志をついで慶応元年（1865）にイギリスへ19名の留学生並びに外交使節団を派遣している。こうした薩摩の勇気ある決断と若き薩摩の青年たちの積極的熱意に心が打たれ、琉球を通して早くから南方文化や西欧文化に接していた薩摩藩士の国を憂うエネルギーを感じさせられた。

▼田中久重鋳砲所址▲

久留米市郊外の東側外れを通ったとき、「田中久重鋳砲所址」碑が建っていた。田中久重は天文学や蘭学などの西洋の文化や技術を学び、嘉永4年（1851）に当時の時計の最高傑作〝万年自鳴鐘《まんねんじめいしょう》〟を完成。嘉永6年、佐賀藩精錬方に招かれ蒸気船・銃砲の製作などを行い、その後、久留米藩に帰り、藩の軍艦購入や銃砲の鋳造に携わり、この石碑が建つ裏山に藩鋳造所を設けてアームストロング砲を鋳造したといわれている。

ちなみに田中久重は東芝の創業者。〝万年自鳴鐘〟は機械式置時計で、万年時計の名で知られ重要文化財になっている。

▼薩摩藩〝島津斉彬〟の功績▲

島津斉彬は、植民地化政策を進める西欧列強のアジア進出に強い危機感を抱いていたという。日本が植民地化されないためには、西欧諸国のような強く豊かな国に生まれ変わらねばならないと考え、嘉永4年（1851）薩摩藩主に就任すると〝集成館事業〟という富国強兵・殖産興業政策を推進している。集成館はその中核となった工場群の総称で、ここに鉄製砲を鋳造する反射炉に鉄を供給する溶鉱炉、砲身を穿つ鑚開台、蒸気機関の研究所、ガラス工場などがあり、最盛期には1200名もの人が働いていたといわれている。旧集成館（国史跡）は鹿児島駅から北に2キロほど離れた鹿児島湾沿いの磯地区にある。隣接して島津家の別邸・仙巌園がある。

また、島津斉彬は早くから開国論を唱え、西郷、大久保を指導して幕政改革をめざし、この藩主斉彬のリーダーシップは、中央政界での活躍の他、藩政においても、集成館事業を手始めに、紡績事業、造船事業を興し、電信、製鉄、写真、ガラス、ガス灯などの西洋文化を積極的に取り入れ、日本の近代化の基礎を築いたといわれている。

造船事業では洋式軍艦（昇平丸）や我が国初の蒸気船（雲行丸）などの建造を手がけており、このような洋式船には日本の船であることを表す旗が必要と考え、日の丸を日本の旗印とするよう提案し、安政元年（1854）幕府は日の丸を日本の総船印と定め、6年後の万延元年（1860）

国旗に昇格させている。

安政5年（1858）炎天下での閲兵が災いして49歳の生涯を閉じたが、生前の数々の功績を称え勅命により照國大明神の神号を授けている。元治元年（1864）に照國神社が鶴丸城の西域に創建され、今も鹿児島県の総守護神・氏神様として尊崇されている。

＊鹿児島城下の玄関口にあたる西田橋（甲突川）を渡って鶴丸城跡に向かうと、一つ下流の高見橋の袂に立派な大久保利通像が建っている。照国通りに戻ると英主島津斉彬を祭る照國神社がある。入口には功績を象徴するという巨大な鳥居が建っていて、鳥居をくぐると右手に、日の丸を国旗に採用して150年目の佳節を迎えたのを記念し建てた国旗掲揚台がある。この少し先に城山を背景に西郷隆盛銅像がある。身長5・3メートルという立派な銅像で、盛土した高みに建っている。この近く中央公園の一角に、筆を持った小松帯刀《たてわき》像が照國神社を向いて建っている。15代将軍慶喜が二条城に諸大名を集めて、政治の権力を朝廷に返還（大政奉還）すべきかどうかを問われると、薩摩藩の城代家老であった小松帯刀が「大政を奉還すべき」として他藩にさきがけて記帳したときの様子をイメージして造られている。

▼薩摩藩の勇気ある決断〝海外渡航の禁を犯した19名〟▲

島津斉彬の遺志をついで、慶応元年（1865）イギリスへ新納久修以下19名の留学生と外交使節団が派遣されている。この19名の若者をモデルにした像が建つ「若き薩摩の群像」と称する大きなモニュメントが、鹿児島中央駅前に建っている。この台座に「碑の由来」と題した次のような説

明プレートが張ってある。（抜粋）

「当時の幕府は日本人の海外渡航を禁じていたので甑島大島辺出張として、すべて変名を用いた一行は1865年4月17日串木野羽島浦を出航して、道中驚きの眼を見はりながら66日目の6月21日にロンドンに到着。学生たちはロンドン大学に留学した。

留学生と共に渡航した新納久修、五代友厚らは、イギリスで紡績機械を購入し、2年後の1867年5月鹿児島市磯に日本最初の機械紡績工場の鹿児島紡績所を建設した。機械の据付や操業指導のため来日した英人技師たちの宿舎が磯に現存する異人館である。更に松木弘安はかって2年間イギリスに滞在した経験を活用して、イギリス外務省当局に働きかけ、天皇のもとに統一国家日本をつくる必要を力説して、イギリス当局の理解を得た。以来イギリスの対日方針は一変し、フランスが幕府を支援するのに対して、イギリスは薩長倒幕派を支援するようになり、倒幕運動の進展に重大な影響を与えた。

また薩摩藩が1867年のパリ万国博覧会に幕府と対等の立場で出品することになったのも彼らの働きの結果である。慶応2年（1866）薩長同盟の成立以後、幕府と倒幕派対立が激化し、国内政局は大きく動揺したが、倒幕派の頂点に立つ薩摩藩は派遣団からのヨーロッパ情報に大きな力を得て情勢を有利に展開した。

留学生はその後、大部分の人がアメリカやフランスに渡って留学生活を続け、帰国後明治政府に仕えて留学の成果を大いに発揮した。また使節団の新納久修はのち司法官となり、町田久成は内務省に出仕、五代友厚は大阪商工会議所を創設して初代会頭となり、松木弘安は外務卿となって活躍した。このように薩摩藩当局の勇気ある決断と若き薩摩の青年たちの積極的熱意は、日本の歴史を大きく転換させ、新生日本を建設する原動力となったのである」

＊まず始めに留学生を驚かせたのは、オランダ人夫婦の激しいキッスシーンだったという。イギリス商人グラバーの手引きで、鹿児島県の串木野を出帆してから20日目、シンガポールでの出来事とのこと。それからはもう見るもの全てが驚きの連続。アイスクリーム、高層建築、汽車等々。66日かけてやっとロンドンに着いている。明治維新という大きな時代変化の中で帰国した留学生たちは、それぞれに大きな役割を担ったといわれている。この海外渡航は薩英戦争の2年後のことで、こういう歴史を知ると薩摩青年たちの勇気ある決断と熱意に心が打たれる。

▼薩摩藩と琉球▲

琉球は15世紀以降日本と中国に両属する形をとっていたが、慶長14年（1609）薩摩藩の侵攻を受けて以後、薩摩藩による実質的な支配下にあったといわれている。このため薩摩藩は琉球を通して早くから南方文化に接していた。薩摩藩の支配下にあったが、対外的には独立した王国として存在し、中国大陸や日本の文化の影響を受けつつ、交易で流入する南方文化の影響も受けた独自の文化を築いている。その後、明治政府には琉球王国の領土を鹿児島県の管轄として琉球藩を設置。やがて沖縄県と改められた。

祇園之洲公園の近くに琉球人松碑がある。名前の由来は琉球船が鹿児島に入港したとき、ここにあった松を目印にしたからとも、近くで停泊していたからともいわれている。当時の松は枯れてしまったが、沖縄日本復帰１周年を記念して沖縄県の那覇市から琉球松が贈られて植樹されたという。

第7章　キリシタン禁教令と弾圧

天文18年（1549）8月15日イスパニアのザビエルは日本人ヤジロー（鹿児島県出身）の案内で鹿児島に上陸し、日本に初めてキリスト教を伝えたばかりでなく欧州の文化をもたらし、日本文化に大きな影響を与えた。

鹿児島を去ったザビエルは平戸から山口、堺、京都まで足を延ばし、日本のキリスト教伝道の道を開き、豊後の沖之浜からマラッカに向けて帰航の途についた。この経路の詳細は鹿児島から伊集院、市木、川内、平戸、山口、京都へ、そして山口に戻ったあと豊後の沖之浜へ向かっている。

キリスト教の伝来と布教

薩摩街道の終点・鹿児島の鶴丸城跡の少し手前にザビエル記念公園がある。ここに〝キリスト教伝来の地〟の案内標示が立っていて、ザビエルの胸像と〝フランシスコザビエル聖師滞鹿記念〟と刻まれた大きな石造りの建造物が建っている。

島津家15代貴久は伊集院の一宇治城でザビエルと対面し領内布教を許可したが、その後、仏教徒の激しい反対にあい、また期待した貿易船がやって来なかったことで貴久は布教に冷たくなったという。

▼キリスト教の布教▲

天文18年（1549）日本に初めてキリスト教を伝えたザビエルが、その翌年に平戸で布教を行い長崎地方では多くの人がキリシタンになったといわれている。大村の領主であった大村純忠は、洗礼を受け日本で初めての〝キリシタン大名〟になっている。

＊山陰道の長門・周防国境を過ぎて湯田温泉近くに来るとザビエル記念公園がある。ここに、高さ10メートルにも及ぶ花崗岩にザビエルの肖像をはめ込んだザビエル記念碑が建っている。説明によると、キリスト教を布教するために鹿児島に上陸したザビエルは京都へ向かったが、戦乱で乱れていたため政情の安定した山口に再び訪れ、大内義隆に布教の許しを得、廃寺であった大道寺を宿所として毎日街に出て布教に当たったという。この公園が大道寺跡にあたることでザビエル記念碑が建立されたとのこと。

＊別府から別大マラソンコースを下って大分市中心街に来ると、大分市役所の隣に府内城跡がある。この城址公園の一画に十字架を下げた大友宗麟の胸像が建っている。説明によると、宗麟公（1530～87）は大友家第21代、本名を義鎮、極めてハイカラな武将で壮にして九州の大半を手中に函萏《かんたん》湾を開港場として諸外国と交易し、鉄砲火薬を輸入して戦力を強めた一面、キリシタンの信者ともなり天主堂教会建立をはじめ、我が国ではじめて数々のキリシタン文化を花咲かしめた戦

国の英傑であったという。

＊対面の大手公園に〝十字架を手にした聖フランシスコ・ザビエル像〟が建っている。ここに、次のような碑文が添えてある。

「日本に初めてキリスト教を伝えた聖フランシスコ・ザビエルは、東洋宣教の途次１５４９年（天文18年）日本に渡来した。その後、鹿児島、平戸、山口で布教し１５５１年（天文20年）９月、大友宗麟の招きにより大分に来て布教した。かくてこの地は日本における宣教の中心地となり、西洋文化が目覚しく開花した。少年達はビオラを弾き賛美歌をうたった。これは日本で唱歌をうたった最初である。またクリスマスには、これも日本最初の西洋劇が演じられた。更に日本で初めての洋式病院さえあった。その他、初等学校、問答学校、通訳学校、伝道士学校、コレデオもあった。実に大分こそは当時西洋文化の花園であった。今聖師の像を建つるに当たって、その昔をしのびこの一文を草する　１９６９年12月３日」

●洗礼を受けた大名

永禄5年（１５６２）に大村純忠、天正6年（１５７８）に大友宗麟、同8年（１５８０）に有馬晴信、他にも高山右近、小西行長、黒田孝高、蒲生氏郷、筒井定次が知られている。細川忠興夫人（ガラシャ）は天正16年（１５８８）に受洗している。

キリシタン禁教令・弾圧

キリスト教の日本への伝来によって、キリシタン大名が生まれ、次第に布教活動が拡がっていった。一方、布教に伴い仏教徒との対立事件が相次いだこともあって、豊臣秀吉は天正15年（１５８７）にキリスト教の宣教師を追放（バテレン追放令）。その後、慶長元年（１５９６）スペイン船サンフェリペ号が土佐に漂着。これを機にキリシタン禁教令を公布し弾圧が始まった。この翌年、長崎で26人の信者が処刑、これは二十六聖人殉教といわれている。

▼豊臣秀吉のキリシタン弾圧▲

秀吉のキリシタン弾圧は、禁教令を無視して戦闘的に布教したこと、そしてサンフェリペ号の乗組員が、宣教師はスペインの領土征服のための先兵だと語ったことでキリスト教を警戒したためとされている。しかし、秀吉は南蛮貿易を重く見ていたので、バテレン追放令後も黙認する形で宣教師たちは活動しており、信徒に対する強制改宗などの政策はとらず、キリスト教は建前上禁止だが目こぼしを受けていたという。関ヶ原の戦い前後まで毎年１万人余りが洗礼を受けるなど、キリスト教の布教は活発だったようだ。

▼江戸幕府の禁教令と鎖国▲

徳川家康の時代に入っても弾圧と呼べるような政策はとっていなかったといわれている。しかし、東北地方への布教をはじめ、活動を活発化していったキリスト教に幕府は次第に態度を硬化し、「周りの国々がキリストの国によって支配されている」と耳にした幕府はキリスト教諸国からの侵略を恐れ、慶長17年（1612）幕府直轄領に対して禁教令を布告。2年後に高山右近、内藤如安等のキリシタンを国外追放している。

さらに、元和2年（1616）欧船の来航を平戸・長崎に制限（2港制限令）し、翌年から諸藩のキリシタン迫害が激しくなったといわれている。そして、元和5年（1619）京都のキリシタン信者を火刑。寛永7年（1630）キリスト教関係書物の輸入禁止。寛永14～15年（1637～38）島原の乱（注①）。寛永16年（1639）ポルトガル人の来航禁止。寛永18年（1641）オランダ人を長崎の出島に移し鎖国を完成。（注②）

そして、島原の乱から20年後の明暦3年（1657）、大村藩の潜伏キリシタン発覚事件では603人が逮捕され406人が処刑されている。

（注①）島原の乱は1637～38年にかけて島原と天草に起こった百姓一揆。島原はかつてのキリシタン大名・有馬晴信の所領。天草はかつてのキリシタン大名・小西行長の領地で領民のキリスト教徒が多く、藩による厳しいキリシタン迫害や年貢の過重な取り立てに対し、天草四郎（益田四郎時貞）が首領となって起こした反乱で、2万数千が旧主有馬家の居城であった原城址に籠城し、老中松平信綱が指揮した九州諸大名の討伐軍と戦ったといわれている。

（注②）鎖国後も交易があったのは、キリスト教の布教にそれほど積極的でなかったオランダ（プロテスタント）と中国で、積極的な布教活動を通して植民地を増やしていたカトリックの国々（スペイン、ポルトガル）は締め出されている。

＊陸前浜街道の原町宿高札場に5枚の札が掛かっていて、「切支丹宗門御禁制札」が含まれていた。この中の〝キリスト教を体制叛逆宗教として弾圧〟の項目に次のように記されている。

「切支丹宗門はこれまでも禁じられていたが、疑わしい者があったら申し出れば御褒美として、ばてれん（神父）は銀500枚、いるまん（修道士）は銀300枚、同宿ならびに宗門の訴人には銀100枚を下される。たとえ宗門の内からの訴人でも褒美は同じであるが、隠しおいて他人から訴人が出て露見したらその所の名主、ならびに5人組は同類として厳科に処せれるべし。（後略）」

▼仙台キリシタン殉教碑▲

奥州街道は仙台市街を通っていく。この仙台市中心街を流れる広瀬川の河川敷（西公園）に、三人の立像が並ぶ〝仙台キリシタン殉教碑〟が建っている。ここに、次のような説明が添えてある。「慶長18年（1613年）江戸幕府によるキリシタン禁教令が行われ、元和6年（1620年）には仙台領でもキリシタンの迫害がはじまった。元和9年（1623年）冬、ポルトガル人宣教師ガルヴァリヨ神父他8名の日本人キリシタンは奥羽山脈に潜伏中捕えられ、仙台に護送された。同年大晦日、大橋の下の水牢においてまず2名が殉教、翌元和10年（1624年）1月4日ガルヴァリヨ神父を含む7名が殉教した」。台座には「三体の記念像のうち、中央はガルヴァリヨ神父、その左右はここでの殉教者たちの象徴としての武士と農民像である」と刻まれている。

▼大村藩の潜伏キリシタン発覚事件▲

長崎街道の彼杵宿本陣跡を過ぎると史跡公園〝二十六聖人碑〟の案内標示が、さらに大村湾にでると電柱に「今冨キリシタン墓碑」の案内標識が見える。このあと出会ったのが〝首塚跡〟で、膝を突き手を合わせて拝む殉教者像の台座正面に「郡潜伏キリスト教徒殉教顕彰之碑」、側面に「首塚の跡」と刻まれている。ここに次のような説明が添えてある。

「天文18年（１５４９）日本にキリスト教が伝わり、各地へ布教が行われた。大村では領主大村純忠が日本初のキリシタン大名となり、領内の布教を強く支援したことから、領民のほとんどがキリスト教に改宗し、キリスト教一色になった。しかし、豊臣秀吉、続く徳川幕府の政策により次第にキリスト教の禁教が厳しくなり、宣教師や信者への弾圧は日増しに強くなっていった。大村藩でもキリスト教が禁止され、領民はキリスト教から仏教への改宗を厳しく迫られた。

島原の乱から20年後、領内にはキリスト教の信者が一人もいなくなったと思われていた明暦3年（１６５７）、郡《こおり》村を中心として隠れてキリスト教の信仰を続けていた人たちが発覚する事件が起きた。事の起こりは、郡村の百姓兵作が長崎の知人を訪ねた際に〝矢次の里に年が12、13歳の少年がいて萱瀬の岩穴にキリシタンの絵を隠し持っている。天草四郎に勝るとも劣らないとの噂である〟ともらした。この話が長崎奉行に伝わり、大村藩の潜伏キリシタンの捜索がはじまった。

捜索の結果、６０３人もの人々が捕まり、キリシタン弾圧史上、まれに見る潜伏キリシタン発覚事件となった。事件の中心が郡地区であったことから〝郡崩れ〟と呼ばれている。あまりの逮捕者の多さに大村藩だけでは対応できず、周辺の藩にも分散して預けられ、取り調べが行われた。逮捕者のうち406人が打ち首となり、そのうち131人が放虎原《ほうこばる》で処刑された。信者の首は、見せしめとして街道に面した獄門所に約一ヶ月間晒《さら》された。当時はキリシタンの妖術で首と胴がつながって復活することを恐れたため、首と胴は別々の場所に埋められ、首塚・胴塚として伝えられている。この事件をきっかけに大村藩では更に厳しくキリスト教禁教政策が行われていくこととなった」

この首塚跡に、胴塚跡、獄門所跡、斬罪所跡、妻子別れの岩跡、鈴田牢舎跡と、大村市内キリシタン殉教史跡がつづく。

第8章　日向神話と神武天皇の東遷

日向街道を日向市から南へ下ると、耳川河口に歴史を刻んだ美々津港がある。古くから海の交易の拠点として栄えた港で、その昔、神武天皇は日本を治めるために日向から大和へ東遷されたという。宮崎県の美々津は、この日向神話「神武東遷船出の地」の伝説の地として知られている。ここで日向神話に触れたのを機会に日本神話についても簡単にまとめてみた。

日向神話と神武天皇

宮崎県の観光資料では「日本をはじめた神々の国・宮崎」「神話と伝説のふるさと宮崎・日南」等々、〝神話〟が観光ポイントの一つになっている。宮崎市中心街を流れる大淀川にさしかかると「神話のふるさと宮崎」の旗がなびいている。このように、宮崎には日向神話・神武天皇に係わるところが、街道筋だけでも美々津の他に、都農神社、八紘之基柱《あめつちのもとはしら》、皇宮屋《こぐや》、宮崎神宮がある。

▼日向神話伝説の地〝美々津〟▲

「美々津町歩き」のパンフレットによると、美々津は日向神話「神武東遷説神話お舟出の地」として知られ、カムヤマトイワレヒコノミコト（神倭伊波礼毘古命）、のちの初代・神武天皇は「ここは国を治めるには西に寄りすぎている。東方に青山をめぐらした美しい国があって、すでに饒速日命（ニギハヤヒノミコト）という者が国を拓きつつあるとか。そこへ行って、まつりごとをするにふさわしい都をつくりましょう」。のちの日本書紀にも描かれる〝神武東遷〟で、歴史の基礎は日向市美々津の港から始まるという、伝説の地だという。

＊美々津は千石船を所有する商業港として栄えた町で当時の建物、敷地割りが残っていて、伝統的建造物群保存地区に指定されている。この町並保存地区入口に「その昔、神武天皇は日本を治めるために日向から大和へ東遷されました。美々津は、その船出の伝説地です。後に大和橿原宮《かしはらのみや》（奈良県）に都を置き全国を治めました」との説明板が立っている。美々津港にでると、神武天皇東遷の船出にあたり航海の安全を祈念し創祀されたという立磐神社と神武天皇御腰掛之磐がある。この伝説を語る〝お船出だんご〟が今も美々津の名物になっている。

＊美々津から14キロほど南へ下ると都農神社がある。日向の国第一の大社と称えられ、「一の宮」の愛称で親しまれている。創建の由来は「初代神武天皇が東遷の折、この地で武運長久、海上安全を祈念したことに始まります」とある。大己貴命（大国主命）をお祀りしており、安産や初宮、家内安全、商売繁盛などのご利益をいただこうと、年間を通し多くの参拝者が訪れるという。

▼平和の塔〝八紘之基柱〟▲

宮崎市中心街に入る手前、平和台公園の一画に大きな「平和の塔」が建っている。巨大な塔で正面に大きく「八紘一宇《はっこういちう》」の4文字が彫られている。

大意は〃道義的に天下を一つの家のようにする〃という意味。高さは37メートルで、世界各地から集められた石で築かれていると記されている。塔の正式名称は「八紘之基柱」、神武天皇が大和に東遷するまでの皇居と伝えられる皇宮屋の北の丘に、紀元2600年記念行事の一つとして昭和15年（1940）に建造されている。塔の四隅に像が建っていて、裏面に「紀元二千六百年」と刻まれている。四隅の像は一霊四魂説の和御魂《にぎみたま》（工人）、幸御魂《さちみたま》（農人）、奇御魂《くしみたま》（漁人）、荒御魂《あらみたま》（武人）で、昔の生活風俗を偲ばせているという。

戦後「八紘一宇」の文字と武人の象徴であった荒御魂像が撤去され、塔の名称も「平和の塔」となった。占領統治が終わったのち、昭和37年（1962）に荒御魂像が、同40年（1965）に「八紘一宇」の文字が復元されている。

▼**神武天皇宮崎の宮の跡〃皇宮屋〃**▲

「平和の塔」の南側近くの丘に、大和に東遷するまでの皇居だったと伝わる〃皇宮屋〃がある。皇太子となる15歳の時に宮崎へ移り、東遷に向かう45歳まで過ごしたといわれている。

入口に「聖蹟皇宮屋」の記念碑が建っていて、石段を上っていくと、中央に「皇軍発祥之地」の大きな石塔が建っている。側面に「紀元二千六百年　陸軍大将杉山元書」と刻記されている。この奥に宮崎神宮摂社〃皇宮神社〃があり、御祭神は神日本磐余彦天皇《かむやまといはれひこのすめらみこと》。神武天皇は、日本書紀では神日本磐余彦天皇と称されている。

▼**宮崎神宮**▲

宮崎市中心街に神武天皇を主祭神とした宮崎神宮がある。神武天皇の孫にあたる健磐龍命《たけいわたつのみこと》が九州の鎮守となった際、神武天皇のご遺徳を称えるために鎮祭したのが始まりと伝えられている。

宮崎神宮略記によると、天皇は45歳のとき天下統治に相応しい地を求めて日向国を出発。数々の苦難の末に大和地方を平定し、第一代の天皇として即位した。後に健磐龍命により、天皇の御心霊が当地皇居高千穂宮の霊地に鎮座され、今日に至っているとある。

日本神話について

日本神話の中心は古事記や日本書紀に書かれている神話で、日本国と皇室の創生の物語が中心となっている。それも神武天皇が即位する以前の時代（紀元前６６０年以前）を指していて、日向、出雲、大和の三つの国が舞台になっている。出雲は大方が独立した物語で、日向と大和は天・地・海の神の世界から日向へ、日向から大和へと連続した物語として展開されている。

▼**日向神話の創世**▲

日向神話の創世にあたる伝説は〝国産み〟と〝神産み〟から始まる。かつて天地が開けはじめた頃、天上界に生まれた男神〝イザナギノミコト〟、女神〝イザナミノミコト〟という男女神が、天の浮橋から渾沌としていた地に矛をおろしてかき混ぜ、引き上げた矛の先からしたたり落ちて固まったのが日本列島。この〝国産み〟のあと〝神産み〟といわれる山の神や海の神など神々を産んでいる。あらゆる神を産んだイザナミノミコトは、最後に火の神〝カグツチノカミ〟を産み、火傷を負って死んでしまう。これを嘆いたイザナギノミコトは、妻を黄泉の国まで追って〝みそぎ〟を行った時に最後に生まれ落ちたのが、高天原《たかまがはら》の支配者となる太陽の神〝アマテラスオオミカミ〟（天照大神）、八岐大蛇《やまたのおろち》を退治した〝スサノオノミコト〟（須佐之男命）、暦の神〝ツクヨミノミコト〟（月読命）の三柱の神々で、三貴子と呼ばれている。

〝神武天皇〟は天照大神の子孫、〝大国主神《おおくにぬしのかみ》〟は須佐之男命の子孫。天照大神と神武天皇の間に〝山幸彦〟〝海幸彦〟がいて神武天皇は山幸彦の子孫になる。

▼天孫降臨《てんそんこうりん》と出雲神話の始まり▲

高天原を治める天照大神は、ある日、弟の須佐之男命が高天原に乱入し、乱暴、狼藉をはたらき大騒ぎを起こす。天照大神は須佐之男命の乱暴ぶりに我慢できず、天岩屋《あまのいわや》の戸を開き中に閉じこもってしまう。このため天上界も地上界も闇の中に閉ざされたが、八百万《やおよろず》の神々は秘策を練って天岩戸を取り除いて天照大神を外に連れ出し、世界に光が再び戻った。これが「天岩戸の神隠れ」といわれている話である。

一方、須佐之男命は高天原から追い払われ、地上の世界「葦原《あしわら》の中《なか》つ国《くに》」に降り立つ。その場所が出雲という地で、その後、須佐之男命の子孫である大国主神が出雲神話の主役として登場する。高天原の神々に先立って「葦原の中つ国」を治めていたが、天照大神から国を差し出すように命じられ従う。そして天照大神の孫〝ニニギノミコト〟（瓊瓊杵尊）が「稲穂が豊かに実る美しい国がこの雲の下にある。その国は葦原の中つ国といって、天つ神のあなたがそこへ降りて治めなさい」と告げられ、地上に降りたのが出雲ではなく、天上世界から地上世界の入口である「高千穂のくしふる峰《みね》」で、この地が〝天孫降臨〟の地といわれている。

この天孫降臨の地〝高千穂峰〟が、高千穂町か霧島の高千穂峰かの結論は出ていないが、霧島連峰の最南端にある高千穂峰には、ニニギノミコトが降臨した際に突き刺したといわれる〝天の逆鉾《あまのさかほこ》〟が残っている。頂上に座する〝天の逆鉾〟は、三叉の剣で鉄あるいは銅製、長さ1・38メートル。一説によると奈良時代には既にあったとされている。この剣は、イザナキとイザナミの〝天の沼矛〟であるとか、ニニギノミコトが雲の上から地上に降り立つ場所をさぐるために使った後、山頂にさかさに立てたものであるとする説が残っている。

平成22年の大河ドラマ「龍馬伝」で、坂本竜馬が妻・お龍との新婚旅行で霧島を訪れ、この逆鉾を見るために高千穂峰に登ったシーンが放映された。

▼三種の神器▲

三種の神器は天孫降臨の際に天照大神がニニギノミコト（瓊瓊杵尊）に授けたといわれる鏡・玉・剣のことで、〝八咫の鏡〟は伊勢神宮に、〝草薙の剣〟は熱田神宮の御神体に、〝八尺瓊勾玉〟は皇居に実物があるといわれている。

▼神武天皇の誕生と東遷▲

ニニギノミコトは山幸彦《ホオリノミコト》と海幸彦《ホデリノミコト》を産み、山幸彦とトヨタマヒメとの間に出来たウガヤフキアエズノミコトと、タマヨリヒメとの間に出来た〝カムヤマトイワシヒコノミコト〟(後の神武天皇)はかしこく、15歳で皇太子となり、アヒラツヒメを妻に迎え、高千穂の宮で国を治めていた。

「どうもこの土地は国を治めるにはあまりにも西により過ぎている。東方にはもっと良い土地があるというから、東に向けて舟出しよう」と決心。一番上の兄のイツセノミコトから聞いていた大和の地を目指すことを決める。そのとき、舟出するための地として選ばれたのが日向市〝美々津〟で、〝皇宮屋〟は神武天皇が東征に出発するまでの宮居の跡といわれる。

〈補足〉

- イザナギ(伊弉諾、伊邪那岐)は、日本神話に登場する男神で、日本書紀では伊弉諾尊、古事記では伊邪那岐命と表記される。
- イザナミ(伊弉冉、伊邪那美)は、日本神話の女神。日本書紀では伊弉冉尊、古事記では伊邪那美命と表記される。
- ニニギ(瓊瓊杵、邇邇芸)は日本神話に登場する神で、日本書紀では瓊瓊杵尊、古事記では邇邇芸命と表記される。
- アマテラス(天照大神、天照大御神)は日本神話に登場する神。日本書紀では天照大神、古事記では天照大御神と表記される。太陽を神格化した神で、皇室の祖神(皇祖神)であり、日本民族の総氏神とされている。
- スサノオ(素戔男、須佐之男)は、日本神話に登場する神で、日本書紀では素戔男尊、古事記では建速須佐之男命と表記されている。天照大神の弟神になる。
・カムヤマトイワレヒコ（神日本磐余彦）は日本神話に登場する神で、日本書紀では神日本磐余彦尊、古事記では神倭伊波礼琵古命と称されている。幼名は狭野尊、後の神武天皇。15歳の時に皇太子になり、宮崎に都を定めた。しかし、この国の人々が豊かに暮らせるようにするには、四方を青い山にかこまれた大和（奈良県）に都をおくのがよいと思い、45歳のときに宮崎を立ち大和へ向かう。宮崎を立って7年目の正月朔日（現在の2月11日・建国記念の日）に、畝傍《うねび》の橿原《かしはら》の地に宮殿を建て第一代の天皇に即位した。

＊熊野古道を歩いて7日目、熊野市中心街を抜けて熊野灘の海岸に出ると海岸の隆起と海蝕現象によって生まれた奇勝・獅子巌があった。この少し先に日本最古の神社〝花《はな》の窟《いわや》神社〟がある。七里御浜に突出する高さ70メートルもある巨巌を御神体とする神社で、人為的加飾を極力排した古代人の自然物崇拝の遺風をそのまま素朴に伝えているという。あらゆる神を産んだイザナミノミコトは、最後に火の神であるカグツチノカミを産み、火傷を負って死んでしまうが、そのイザナミノミコトを葬った場所がこの花の窟だとされている。（日本神話の多くは宮崎県ホームページ「ひむか神話街道」より）

出雲大社と出雲神話

出雲の国は、神の国、神話の国として知られている。その中心が大国主神を主祭神とする出雲大社で、大国主神は〝大黒様〟としても慕われている。山陰道の因幡から石見国に入ると〝因幡のしろうさぎの伝説地〟や出雲大社があり、そして八岐大蛇を退治した須佐之男命の神話を題材とした〝石見神楽〟が今も伝え残っている。

▼出雲大社▲

出雲大社は日本最古の歴史書といわれる「古事記」にその創建が記されているほどの古社で、明治時代初期まで杵築大社と呼ばれていたという。主祭神は大黒様として馴染みの深い大国主神で統率力、英知がある上に人々を幸せな縁で結ぶ「縁結びの神・福の神」として崇められている。「古事記」に記される国譲り神話には、大国主神が高天原の天照大神に国を譲り、その時に造営された天日隅宮《あまのひすみのみや》が出雲大社の始まりといわれている。

＊山陰道を島根県の出雲市に来ると街道筋から北に9キロほど離れたところに出雲大社がある。駅前の神門通りを北に進み〝勢溜の大鳥居〟から〝松の参道〟を通っていくと、八雲山を背に社殿が見えてくる。本殿は〝大社造り〟という日本最古の神社建築様式で国宝になっている。参道にもどると大国主神が〝縁結びの神〟になった時の様子を表す「ムスビの御神像」、イナバの白うさぎに慈悲を施す大黒様（大国主大神）の「御慈愛の御神像」が建っている。

「ムスビの御神像」は、日本海の荒波の向こうから〝幸魂・奇魂〟という魂が現れて大国主神が神となり、「ムスビの大神」すなわち〝縁結びの神〟になった時の様子を表しているという。

「御慈愛の御神像」は、〝イナバの白うさぎ〟に出てくる大黒様は大国主神で、大黒様が背負った袋の中には、私たちの苦難・悩みが入っていて、私たちの身代わりになって背負っている。その後、大神さまは幾度も試練・難事にあって〝死の淵〟に沈まれたが、その度に見事に復活し蘇った。そのため〝復活の神〟〝よみがえりの神〟〝いのちを結ぶ神〟といわれているという。

＊山陰道の鳥取砂丘を横断して日本海に出ると、街道筋に〝因幡のしろうさぎ〟の伝説で知られる白兎海岸《はくとかいがん》がある。ここに神話ゆかりの白兎神社があり、〝白兎〟がいたとされる淤岐《おき》ノ島が浜の西端に見える。この伝説は、出雲の国の〝大国主神〟が因幡の国八上の郷に住む八上姫という美しい姫をめとろうと旅をしている途中、通りかかった白兎海岸で毛皮をはがされて泣いている白兎を助けたところ、この白兎が大国主神と八上姫の仲をとりもったという恋物語である。

＊島根県の江津市を流れる〝江の川〟を渡ると、橋の欄干に「大蛇《おろち》」「鍾馗《しょうき》」の説明と壁画が描かれている。説明によると、この地方は石見の国と呼ばれ、古事記や日本書紀にも取り上げられている。神話を題材とした石見神楽が古くから盛んで、今に伝えられている。この壁画は石見神楽の中でもクライマックスに舞われる「大蛇」で、須佐之男命と〝八岐大蛇〟の戦いが描かれている。また、厄病神を退治し人々を病気から守ってくれる「鍾馗」という神様が描かれているという。

＊宿場町だった浜田駅前に大きな「どんちっち神楽時計」がある。伝統芸能「石見神楽」の演目「大蛇」をテーマにした〝からくり時計〟で、神楽囃子が鳴り出すと囃子手が現れ、次に神楽殿から大蛇が顔を出し、須佐之男命と大蛇が闘いを繰り広げるという。時計の名前は、石見神楽の囃子の音を子供たちが「どんちっち」と言ったことから命名されたとのこと。

日本海軍発祥之地〝美々津〟

美々津港に大きな「日本海軍発祥之地」の碑が建っている。この傍に「海軍両爪錨」がある。「日本海軍発祥之地」碑は、昭和17年（紀元2602）9月10日に建立されたが、太平洋戦争の終戦直後に碑文が破壊され、同44年（紀元2629）9月12日に復元されたという。

▼日本海軍発祥之地▲

この碑の「建立・復元の経緯と碑文の由来」の説明によると、日本海軍は天皇が統帥した軍隊であり、国軍として神武天皇御親率の水軍がはじめて編成され、進発した美々津の地を〝日本海軍発祥之地〟と定め、紀元2600年記念事業の一環として建立された。碑文の文字は、時の内閣総理大臣海軍大将米内光政閣下の揮毫により碑面に刻記された。この碑は、大東亜戦争の終戦直後進駐米軍によって碑文が破壊されたが、昭和44年に至り地元有志の強い要望により、防衛庁（海上自衛隊）などの協力を得て現在のとおり復元されたという。

▼海軍両爪錨▲

展示碑文の説明によると、昭和15年（1940）に皇紀2600年記念を祝い、日本海軍協会、大日本海洋少年団、大阪毎日新聞社主催により、軍艦「おきよ丸」を造船し、この美々津港から大阪中ノ島まで神武天皇東行の聖蹟を巡航し、橿原神宮に神楯を奉献した。この日を記念して企画された「日本海軍発祥の碑」の建立と「海軍両爪錨」の製造が昭和17年（1942）に実現。それ以来、この錨は太平洋戦争から戦後の混乱期を経て昭和27年（１９５２）に創設された海上自衛隊に移管された。その錨が半世紀余を経た今、海上自衛隊の厚意により、生誕地である日本海軍発祥の地に帰還されたという。

＊皇紀は明治５年に制定されたわが国独自の日本紀元のことで、神武天皇即位の年を元年とし、毎年２月11日が紀元節になっている。西暦に換算すると紀元前６６０年。紀元と皇紀は同じ意味で使われ、紀元２６００年は昭和15年（１９４０）にあたる。現在、「建国記念の日」として祝日になっている。

第9章　天変地異

江戸時代の大飢饉

今では死語になった感がある大飢饉が江戸時代には幾度となく起こっている。奥州街道を歩いたとき宝暦の大飢饉や天明の大飢饉のことが、また山陰道の石見国分寺尼寺跡近くに享保の大飢饉のことが、甲州街道の犬目宿には天保の大飢饉と甲州一揆のことが書いてあった。

江戸時代の大飢饉を時代順に並べると寛永、元禄、享保、寛延、宝暦、天明、天保となる。江戸四大飢饉といわれるのは、寛永、享保、天明、天保の大飢饉で、寛永を除いたものが近世三大飢饉といわれている。江戸時代初期の寛永の大飢饉と元禄の大飢饉については碑や供養塔などの記録を見ることがなかったが、その後の大飢饉ついては何らかの記録に出会うことができた。

▼寛永の大飢饉▲

江戸四大飢饉の一つで、寛永19～20年（1642～43）の全国的な凶作で被害は全国に及び、とくに東日本の日本海側に被害が大きかったという。原因は西日本一帯で旱魃の影響が大きく、日照りの他に害虫、大洪水が被害を拡大させたといわれている。一方、東日本は西日本と違って長雨・

冷害、それに寛永17年の北海道駒ヶ岳の噴火が影響したといわれている。

餓死者は全国で5万~10万人程度で一つの藩で数万人もの餓死者がでるほどではなかったが、困窮きわまりない状況に追い込まれた百姓が選択したのは、耕地や家を捨て妻子を連れて隣国に走った〝走り百姓〟であり、〝身売り〟だったという。一方、江戸・京都・大坂の3都には飢人が発生し、貧乏乞食が農村からたくさん入り込んできたといわれている。日本史年表・地図（吉川弘文館）の寛永19年（1642）のところに「諸国飢饉、百姓に米の常食を禁じ、うどん・そば・まんじゅうの売買を禁ず」と記されている。

▼元禄の大飢饉▲

元禄年間（1688~1704年）、とくに東北の南部藩では1695年と1702年は長雨と早冷で収穫量も3割に満たず、餓死者は資料によってまちまちで5万人余とも7万人余ともいわれている。冷気雨天がちの冷夏が記録に残っているようで〝ヤマセ〟型冷害だったといわれている。

▼享保の大飢饉▲

享保17年（1732）、稲につく害虫（イナゴ、ウンカ）の異常発生による凶作で、中国、四国、九州を中心に深刻な飢饉状態に陥り、大量の飢人・餓死者をだしている。幕府に届けられた餓死人集計は1万2172人とあるが、餓死人の多さは失政を非難されかねないことから少なめに報告されていたといわれている。当時の記録によると、虫喰によって稲が枯れ、「田の水の色醤油のごとく」といわれるほど害虫が大量発生。また、ウンカがわずかの期間に田面いっぱいに増殖し、稲に少しでも触れると煙のように群れて立ち上がった、といわれている。

＊山陰道を都野津から浜田へ向かう途中、石見国分寺尼寺跡近くに〝井戸公頌徳碑〟が建っている。碑文によると、享保17年（１７３２）当地方を襲った享保の大飢饉の時、石見銀山領の代官であった井戸平左衛門正明公は飢餓の迫った領民を救うため、幕府の許可を待たずに穀倉を開いて食料を分け与えるとともに、年貢の取立てを免じ、更に甘藷の種芋を取り寄せて、作付けするように命じ、領内に一人の餓死者も出さないように心血を注いだ。井戸公が取り寄せた甘藷は、年と共に石見一円に拡がり、その後の大飢饉にも、多くの人々の命を救う重要な食料になったという。

＊山陰道の浅利駅を過ぎて江の川を渡る手前に〝青木秀清翁碑〟が建っている。碑文によると、あの井戸代官の志を継ぎ、甘藷のつくり方をしらべるため、はるばる長崎まで出かけた青木秀清は渡津町長田の医師で、今から２６０年前のこと。ここに、文政、明治、さらに昭和44年の碑も建っている。

▼寛延・宝暦の大飢饉▲

寛延2年（１７４９）の飢饉は、猪による獣害が凶作の主たる原因で〝猪飢饉〟ともいわれている。当時は猪退治に苦慮していたようだ。

宝暦5年（１７５５）の飢饉は、東北地方の被害が大きく夏中雨天続きで冷気が募り、8月中旬2度の霜害を受け田畑も立ち枯れてしまった。大雨が降り続き洪水となり川欠け・山崩れなど、大きな被害が出るといった冷気雨天の天候不順に、稲虫などの虫害も加わって大凶作になったといわれている。東北地方では宝暦、天明、天保の飢饉を三大飢饉と呼んでいる。

＊奥州街道を郡山から二本松に向かうと、本宮の手前に〝積達《せきたつ》騒動鎮定之遺跡碑〟が建っている。説明によると、寛延2年（1749）の稲作は平均四分作という不作にもかかわらず、年貢割付は例年通りのため、農民たちは作況を調査して年貢を軽減する旨の嘆願をしたが、僅かの軽減にすぎず、毎年の不作続きに餓死者も出ていることから、不穏な形勢となり、安達東部や北部で一揆が起きた。大槻村から始まり、約1万8千の群衆がこの地に集結し気勢をあげたという。（この騒動は流血に至らず鎮定されている）

＊奥州街道を岩手県の平泉に向かうと一関駅近くに〝建部清庵の顕彰碑〟が建っていて、宝暦の飢饉のことが次のように記されている。（要約）

「寛延元年（1748）頃、奥羽は凶作飢饉が続き、宝暦5年（1755）が最も甚だしく、藩内でたくさんの人馬が餓死した。その中には食料の代わりに有害な草木を知らずに食べて死亡したものもあり、清庵は嘆き悲しみ、施薬調合の良法を研究し、〝民間備荒録〟上下2巻を著わした。その後、食用植物が一目見てわかるように〝備荒草木図〟2巻を著わした。建部清庵は19歳の時、仙台・江戸に遊学し独力で和蘭医学を極めた。この顕彰碑は昭和15年（1940）皇紀2600年の記念事業として現一関医師会が建立した」

▼天明の大飢饉▲

天明2～8年（1782～88）にかけて発生した大飢饉で、東北地方では天明3年秋の冷害による大凶作を発端として、翌年にかけて30万人を超える死者が出たといわれている。有史以来の大量死で、八戸藩の餓鬼記録として有名な〝天明卯辰簗〟には、真偽はともかく、まことしやかな人喰いの実話や村共同体による人喰い者・盗人の殺害など、この世とは思われない残酷な話で満ち満ちているという。

関東では天明3年7月に浅間山が大音響とともに大爆発。その焼灰が関東一円に降り注ぎ、この「焼砂」が西は信州追分・軽井沢から、東は高崎・前橋まで大量に降り、田畑が荒地と化し、食を失う土民が多く、荒廃した田畑の復旧が農村の大きな課題になった。しかも、天明3年はこの噴火で収まらず、関東以上に東北地方では冷害のダメージが大きく、天明の飢饉の大惨事を招いたといわれている。

天明6年には4月の半ば以降に雨が降り続き、大水災に見舞われている。この水害は江戸だけでなく関八州の国々に及び、利根川をはじめ大小の河川が氾濫、また大風が吹き荒れ、地震や大洪水や飢饉といった〝天変地妖〟を思わせるものがあったという。

東北地方の冷害は〝ヤマセ〟の影響ともいわれている。〝ヤマセ〟とは春から秋にかけてオホーツク海気団より吹く冷たく湿った北東風または東風のことで、とくに梅雨明け後に吹く冷湿な風をいう。〝ヤマセ〟は山瀬風、日本海側における〝山背〟風に由来している。

＊奥州街道を簗館から岩手県境に向かうと、道脇に〝三界万霊供養塔〟が建っていて、天明の飢饉のことが次のように記されている。（要約）

「天明6年（1786）江戸時代後期には、しばしば飢饉が起こり享保、天明、天保は近世の三大飢饉といわれ、惨状がはなはだしかった。天明3年の諸国飢饉は、東北地方は最も被害甚大で、米麦は勿論雑穀の収穫も皆無に等しいので、牛、馬、鶏、犬の肉はもとより、雑草、樹皮まで食ったという。また道路に倒れ死んでいく者、その数知らず、始めは処々に埋めていたが後には誰もかえりみる者もなく、屍は犬やカラスの餌になったと記されている。当時の農民の飢餓の資料を全慶寺過去帳から天明6年死者55人、同7年23人、同8年61人、同9年19人、同10年には10人となっている。全慶寺の檀家は当時沢辺の町だけだから150戸くらいであったろう。これから見ると天明8年には40パーセントの家で死亡者がでたことになる。一家で4人も死亡した例もある。過去帳にあるのは葬式弔いのあった家のみだろうから、貧農で飢饉に堪えかねて知らぬ土地に行き野たれ死した者も相当あったと思われる」

＊八戸から野辺地湾に出たあと小湊の町から古道らしい小路に入ると「天明の飢饉供養塔」が建っている。説明によると、天明の飢饉（天明2年～5年）は歴史に残る四大凶作（元禄、宝暦、天明、天保）の一つで、平内でもたくさんの人が餓死し、家も半数（357戸）が空き家となったようで、この飢饉で亡くなった人たちを供養するために、天明7年、東福寺11代住職が建てたといわれている。

▼天保の大飢饉▲

天保4～10年（1833～39）にかけて発生した大飢饉で、この天保の飢饉は度重なる凶作によって飢えの恐怖に長い間さらされたのが特徴で、大雨、洪水と、それに伴う冷夏から被害は全国に及んでいる。とくに東北地方の被害が大きく、冷雨洪水に見舞われ、8月中旬以降の曇天・霜降りといった異常気象によって、ひどいところでは〝一村皆無〟の作柄もあったという。この天保の飢饉の餓死者は奥羽地方全体で10万人前後といわれている。

＊陸前浜街道で相馬市の中村城跡に立ち寄ると、二宮尊徳の坐像の手前に「二宮尊徳と相馬の仕法」の説明板が立っていた。説明によると、天明と天保の両度の大凶作で貧困のどん底に落ちて、もがいた当時の相馬中村藩の人々に、生きる光と力を与えてくれたのが二宮尊徳であった。幸いすでに藩主益胤が世に〝文化の厳法〟といわれている藩政刷新の道を文化年間から開いていた。そこへ新しく二宮の〝興国安民の法〟を採用することにきまり、藩の仕事として弘化2年（1845）から、次々に相馬全域の各村々に実施されていった。これが相馬でいう〝御仕法〟。二宮の方法は、単なる農村の改良などという程度のものではなく、ひろい世界観と人生観の中から生まれた、徳を以って徳に報いる〝報徳〟というおおらかな指導理念によるもので、至誠、分度、勤労、推譲という4つの徳目を実行することを柱としていたという。

＊北陸道の福井県森田駅近くの田園地帯に松の木がポツンと一本生えている。この根本に小さな祠と石碑が建っていて、「振袖地蔵の由来」と題して、天保の飢饉のことが書いてあった。説明によると、天保7年（1836）の飢饉は百年に1回という稀にみる異常なもので、春先から低温と多雨に見舞われ、5月21日に雪が降るようなことで梅も桜も咲かず秋になっても稲穂が半分しか出

ないという大凶作となった。そのため、餓死するものは福井藩で６万人にも達する悲惨なものだった。食べ物を求めて、この地に来た者の姿は、まるで幽鬼の如く、ひどいもので野たれ死にするものの数多くあり、特に哀れを誘ったのは娘たちの振袖を着たり、また、振袖を抱えた餓死者であった。そこでこれを哀れみ地蔵を祀り、そこに振袖を刻み、また振袖を着せて供養したことが今に伝えられているという。

＊甲州街道の犬目宿に「義民〝犬目の兵助〟の生家」の説明板が立っていて、ここに天保の飢饉のことが書いてあった。説明によると、天保４年（１８３３）の飢饉から立ち直ることができないのに、天保７年（１８３６）の大飢饉がやってきた。その年は、春から天候不順に加え、台風の襲来などもあって穀物はほとんど実らず、餓死者が続出する悲惨な状況だった。救済を代官所に願い出ても、聞き届けてもらえず、米穀商に穀借りの交渉をしても効きめはないので、犬目村の兵助と下和田村（大月市）の武七を頭取とした一団が、米穀商に対して実力行使に出た。称して〝甲州一揆〟といわれている。この一揆の首謀者は当然死罪。家族に累が及ぶのを防ぐための〝書き置きの事〟や、妻への〝離縁状〟などが生家の〝水田屋〟に残されているという。

＊北国街道を高田城下から出雲崎に向かうと、柏崎の近くに「生田萬埋骨場」碑が建っている。説明によると、天保８年（１８３７）６月１日、生田萬は折からの天保飢饉による窮身の救済を求めて柏崎陣屋に討ち入り、敗れて自刃した。彼の墓は、世間をはばかって長い間建てられず、明治32年にこの戊辰招魂所の片隅に建立されたという。

記録に残る大地震

旧街道を歩いていると、大地震のありさまを書き記した碑に出会うことがある。過去の地震の一部にすぎないが、これらの地震を時代順にピックアップしてみた。

▼宝永地震▲

宝永地震は江戸時代の宝永4年（1707）、遠州灘沖から紀伊半島沖を震源として発生した巨大地震（M8・6）で、南海トラフのほぼ全域にわたってプレート間の断層破壊が起こったといわれている。理科年表によると、全体で少なくとも死者2万、潰家6万、流出家2万、震害は東海道、伊勢湾、紀伊半島で最もひどく、津波が紀伊半島から九州までの太平洋沿岸や瀬戸内海を襲い、津波の被害は土佐が最大で、室戸・串本・御前崎で1～2メートル隆起したとのこと。この49日後に歴史上最後の富士山の噴火〝宝永大噴火〟が起こっている。

＊四国の中村街道を高知から四万十市に向かうと、須崎駅の先の須崎八幡宮境内に「宝永の大地震の津波で八幡宮の神輿が伊豆まで流されたが、流れ着いた伊豆では豊漁が続いた。この噂が須崎まで聞こえ、伊豆まで神輿を迎えにいったことが木札に記録されている」との説明板が立っていた。

＊熊野古道の馬籠峠を下りて尾鷲市街地にさしかかると「馬越の津波供養塔」の説明板が立っていた。説明によると、宝永4年（1707）に発生した〝宝永大地震津波〟は、尾鷲浦にも大きな

被害をもたらした。供養塔には漢文で「男女老幼溺死者千有余人」など、被害状況や流死の有様が彫刻されているという。

▼**宝暦高田地震**▲

宝暦元年（1751）4月26日午前2時頃、高田平野直下を震源として発生した地震（M7・0～7・4）で、名立・小泊の裏山が幅約1キロ、滑落崖の高さ100～160メートルにわたって崩壊、〝名立崩れ〟といわれている。高田藩領の全壊・焼失戸数は6千戸、死者・行方不明は土砂害による被害を加えると2千人ともいわれている。

＊北陸道を有間川から糸魚川に向かうと「名立崩れ」の供養塔が立っていた。ここに、「宝暦元年（1751）4月25日未明から26日に上越市高田が震源地の〝高田地震〟により引き起こされた〝名立崩れ〟の供養塔で、当時名立小泊村のほぼ全村が一瞬のうちに裏山が崩壊、陥没し、400余名の尊い命と民家80戸余と寺、社、各1棟を呑み込む大惨事であったと記録にあります。（後略）」とある。

▼**安政地震**▲

安政地震とは、嘉永7年（1854）11月4日に発生した安政東海地震（M8・4）と翌5日に発生した安政南海地震（M8・4）の巨大地震を指している。東海地震の被害は関東から近畿に及び、特に沼津から伊勢湾にかけての海岸がひどく、津波が房総から土佐までの沿岸を襲い被害を大きくしたという。南海地震は東海地震の32時間後に発生、被害は中部から九州に及び、津波の波高は串本～久礼で15～16メートルあったといわれている。死者は東海地震で2～3千人と思われ、南海地震で数千人とある。（理科年表より）

この二つの巨大地震に前後して同年6月に伊賀・伊勢・大和および隣国（M7・3）、7月に陸奥（M6・5）、2日後の11月7日に伊予西部・豊後（M7・4）と、嘉永7年に大きな地震が連発し、同年中に安政へ改元されたので、嘉永7年を安政元年と称している。

＊土佐街道を徳島から高知に向かうとき、徳島県の田井ノ浜から〝俳句の小径〟を辿ると「安政地震津波石灯籠」が建っている。ここに、「安政地震は嘉永7年11月5日午後4時ごろ発生、マグニチュード8・4、数丈の大津波となり房総より九州に至る沿岸をおそう。木岐浦では203戸の内190戸流出11人死亡と伝えられている。この碑裏面にも波の高さ4丈余り、大地震の節は油断なきようあらかた記しおく旨刻まれている」との説明が添えてある。

＊土佐街道を安芸から高知に向かうと、赤岡町の境内に大きな安政地震の碑が建っている。説明によると、安政元年（1854）の大地震のありさまを書きしるして、人々に地震に備える心がまえを忠告した碑である。安政元年11月の朝、常より大きな地震あり、潮が20メートルも引いて干上がった手結港で鰻を沢山採った。翌日、大地震で家も塀も崩れ、人々は何日も徳王子の山で暮らした、等々の記事ありとのこと。

▼**関東地震**（関東大震災）…参考まで▲

関東地震は大正12年（1923）9月1日午前11時58分、神奈川県西部の小田原付近を震源とする地震（M7・9）で、神奈川県中南部中心に震度7の地域が広がり、東京・千葉・静岡の広範囲で震度5以上の揺れがあった。この地震の特徴は午前11時58分から5分間に起きた3つの地震で、まず小田原の直下で発生し、その後三浦半島直下に揺れを生じ、この3分後にM7・3、5分後にM7・2の地震が続いて発生。これを合わせて本震としている。地震の数分後、太平洋沿岸から伊豆諸島にかけて津波が来襲し、熱海で高さ12メートル、房総半島で高さ9メートルを観測している。

全体で死者・不明者を合わせて14万2千余、住家の全壊10万9千余、半壊10万2千余、焼失21万2千余（全半壊後の焼失を含む）。死者が多くなったのは火災が原因で、3日2晩燃え続け、東京市街の3分の2は完全に焼失したという。（「地震・噴火災害全史」より）

▼兵庫県南部地震（阪神・淡路大震災）▲

平成7年（1995）1月17日5時47分ころ発生した淡路島付近を震源とする大きな地震。活断層の活動による直下型地震（M7・3）で神戸、洲本では震度6だったが、現地調査により淡路島の一部から神戸市、芦屋市、西宮市、宝塚市にかけて震度7の地域があることが明らかになっている。多くの木造家屋、鉄筋コンクリート造、鉄骨造などの建物のほか、高速道路、新幹線を含む鉄道線路なども崩壊した。被害は死者6434、不明3、負傷4万3792、住家全壊10万4906、半壊14万4274、全半焼7132、など。早朝であったため、死者の多くは家屋の倒壊と火災によるものという。（理科年表より）

＊山陽道を歩いたのは平成19年（2007）3月だった。兵庫駅から明石に向かうと、すぐに

「源平一ノ谷合戦」の史蹟碑が建つ須磨浦公園がある。ここに兵庫県南部地震のときに囲壁の上から落下した石製の地球儀（直径1・2メートル、重さ2・4トン）がそのまま、震災の記憶を失わないようにと震災モニュメントになっている。ここに、「1995年1月17日午前5時46分、淡路島北部を震源とするマグニチュード7・2の直下型地震が阪神地域を襲い、5千余人もの方が亡くなられるなど、甚大な被害をもたらしました。（後略）」との碑文が刻まれている。

神戸市内の阪神高速道路が横倒しになり、山陽新幹線の橋桁が何カ所も落下、大破した地下鉄、鉄道の電車が各所で脱線・転覆。何カ所からも煙が立ち上り、ビルや電柱が横倒しになって瓦礫の街と化した映像をテレビで見て驚き、ショックを受けたのが忘れられない。

▼新潟県中越沖地震▲

新潟県中越沖地震は平成19年（2007）7月16日10時13分、新潟県沿岸海域を震源とする逆断層型地殻内地震（M6・8）で、震度6強とある。

＊平成20年7月2日、北国街道を直江津から柏崎に向かうと、鉢崎関所跡から米山海岸歩道に入るところで道が100メートル近く陥没寸断。また7キロほど先の海岸沿いを走る信越本線の青海川駅は土砂で埋まったまま。前年の中越沖地震の傷跡が生々しく残っていた。

▼東北地方太平洋沖地震（東日本大震災）▲

平成23年（2011）3月11日午後2時46分に発生した、三陸沖中部から茨城県沖までのプレート境界を震源域とする逆断層型超巨大地震（M9・0）。死者1万8958、不明2655、負傷

6219、住家全壊12万7291、半壊27万2810（余震・誘発地震を一部含む2014年3月現在）。死者の90パーセント以上が水死で、原発事故を含む被害の多くは巨大津波（現地調査によれば最大約40メートル）によるもの。最大震度7と6強の地域があるが、揺れによる被害は比較的大きくなかったという。（理科年表より）

＊陸前浜街道を歩いたのは平成22年（2010）3〜5月。ルートは水戸から海岸沿いに日立、岩城、富岡、双葉、相馬を経て宮城県の岩沼で奥州街道に合流する。富岡町に福島第二原子力発電所が、大熊町と双葉町の間に福島第一原子力発電所がある。この1年後に地震が発生。巨大津波によって陸前浜街道の一帯から宮城県、岩手県の太平洋沿岸が未曾有の災害に見舞われた。福島第一原子力発電所も冷却水系統が破壊されて制御不能に陥り、廃炉処理となっている。

＊海から津波が田畑を舐めるように押し寄せ、次々と住家を破壊しながら街を呑み込んでいく。この想像を絶する津波の猛威を生々しく映し出す映像を見たとき、自然の脅威というか大自然の猛威を思い知らされた気がした。

一般的に地震の大きさを端的に表す言葉としてM7以上を大地震、M8以上を巨大地震、M9以上を超巨大地震、震度については5を強震、6を烈震、7を激震と表現している。

火山噴火・台風・雪代《ゆきしろ》

前述の大飢饉や大地震の他、村を埋没させたという火山噴火、明治維新以来最大の被害を出したという伊勢湾台風、富士山麓の山腹凍結斜面を流れ落ちる土砂混じりの雪崩が村落を埋め尽くしたという雪代災害など、こういった被災の実態についても少しではあるが知ることができた。

▼富士山噴火（宝永大噴火）▲

宝永4年（1707）11月23日午前10時ごろ、富士山の南東斜面より大噴火した。噴火は16日間断続的に続き、新たに開いた宝永火口から噴出した火山礫や火山灰などは、偏西風にのって静岡県北東部から神奈川県北西部、東京都、さらに100キロ以上離れた房総半島にまで降り注いだという。噴火による死者の記録は残っていないが、噴出した溶岩石による火災などが甚大な被害をもたらし、とくに田畑は焼砂に覆われ用水路も埋まって深刻な飢饉に陥ったといわれている。（内閣府「広報ぼうさい」より）

理科年表には「普通の火山爆発で、降灰砂は東方90キロメートルの川崎で厚さ5センチ」とある。この49日前に、遠州灘沖から紀伊半島沖を震源として発生した巨大地震〝宝永地震（M8・8）〟が起っている。この宝永大噴火は富士山三大噴火の一つで、これ以前に平安時代の延暦の大噴火（800〜802年）、貞観の大噴火（864〜866年）がある。この宝永大噴火を最後に現在まで富士山は噴火していない。

▼磐梯山爆発▲

明治21年（1888）7月15日、山頂からの鳴動が聞こえた後、強い地震が継続し山頂部で雷鳴のような轟音を伴って水蒸気爆発型の噴火が発生。この噴火の爆音は50〜100キロ先まで響き、降灰は太平洋まで達した。噴火は15～20回程度起こり、最後の爆発で小磐梯山の山体が崩壊し、その砕屑物が岩雪崩となって山麓の村々を襲い、北麓にあった長瀬川が埋没して、桧原湖、小野川湖、秋元湖、五色沼などを形成した。

灰や粉塵で真っ暗になった空の下、逃げる人々を襲い461名が犠牲となった。また、この岩雪崩で5村11部落が土砂の下敷きなり、563戸の家屋が被災し、うち166戸が完全に埋没した。この噴火では岩雪崩で堆積した土砂が土石流となって二次被害をもたらし、度々河川を決壊させ長瀬川下流地域を襲ったという。（「地震・噴火災害全史」より）

＊会津若松と米沢を結ぶ米沢街道の途中に桧原宿がある。桧原村は上杉景勝領となった慶長3年（1598）頃に宿場町になっている。米沢街道の旧宿場・桧原に泊まって、翌朝、桧原湖畔沿いを歩いて米沢に向かうと、旧米澤街道桧原宿跡の標柱、鳥居、五輪塔と続いたあと、北塩原村史跡〝桧原宿跡〟の説明板があった。要約すると、「この集落51戸は、明治21年（1888）7月15日の磐梯山爆発によって桧原湖の湖底に没した。集落北戸山山麓に位置した鎮守山神社が残り、水中に鳥居が立っている。村人は現桧原集落などに移り、その参道入口にあった灯籠を移し、この五輪塔は渇水時に湖底の墓地から移したもの」とある。このように、当時の桧原村は桧原湖底に没してしまったという。

▼浅間山大爆発（天明噴火）▲

天明3年（1783）7月8日に浅間山が大音響とともに大爆発。火口から噴き出した溶岩が大量の土石を巻き込んで雪崩のように押し出され、泥流が麓の村を埋め尽くし、焼灰が関東一円に降り注いだという。

「後見草」には、「この噴火でたくさんの牛馬や2万人余の人々が〝砂に埋れ、泥に推れて〟命を失い、江戸川までその死骸が流れついた。また〝焼砂〟が西は信州追分・軽井沢から東は高崎・前橋まで大量に降り、田畑が荒地と化し、食を失う土民が多かった」と記されているというが、死者2万人余は過大にすぎ、およそ1500人程度の死者であったと考えられている。この噴火で収まらず東北地方では冷害のダメージが大きく、「天明の飢饉」の大惨事を招いている。（「近世の飢饉」より）

▼御嶽山噴火▲

平成26年（2014）9月27日11時52分に噴火。紅葉シーズンで晴天に恵まれた週末、山頂には多くの登山客がいた。山小屋や岩陰に身を寄せて難を逃れる人がいた一方、噴石の直撃で多くの人が亡くなった。死者58人、行方不明5人を出すという戦後最悪の火山災害をもたらした。（平成27年9月28日付日経新聞より）

▼伊勢湾台風の高潮被害▲

昭和34年（1959）9月26日に潮岬に上陸し、紀伊半島から東海地方を中心に大な被害を及ぼした台風。特に伊勢湾沿岸の愛知県・三重県の被害が甚大で、「伊勢湾台風」と呼ばれている。

＊東海道五十三次では、今の名古屋は〝宮宿〟と呼ばれ、ここから三重県の桑名宿まで船で渡っ

ている。これを「七里の渡し」といっている。この宮宿の舟着場跡に、伊勢湾台風の惨禍を記録した浸水位標識と、次のような説明板が立っている。（要約）

「昭和34年９月26日午後６時過ぎに紀伊半島南端に上陸し、直径７００キロに及ぶ地域を暴風雨に巻き込みながら、名古屋の西方30キロの地点を通過し、26日夜半富山湾へ抜けた。名古屋市内において瞬間最大風速は午前９時25分に45・７メートルという驚異的な数値を記録。この台風は伊勢湾沿岸一帯にかつてない高潮が生じ、満潮時に近い午後９時35分、名古屋港における最高潮位は５・31メートルと、海岸堤防を50センチも上回る名古屋港検潮始まって以来の記録となった。

そのうえ前日から降り続いた雨は、台風の中心が近づくにつれ、時間雨量40～50ミリの豪雨となり、河川は刻々と増水し、それらが強風にあおられ、低気圧に吸い上げられた高潮と重なって、海岸堤防及び河口付近の河川堤防を寸断、市南部地区一帯を濁流の渦に巻き込んだ。特に名古屋港周辺の貯水場からあふれ出した28万立方メートルに及ぶ無数の巨木が人命、家屋の被害を更に大きくした。このため、名古屋市と当時の守山市及び有松・大高の両町を含む死者が１８８１人と言語に絶する惨害をもたらした」

〈補足〉

人的被害は和歌山県、奈良県、三重県、愛知県、岐阜県を中心に死者・行方不明者５０９８人、負傷者３万９千人規模にのぼり、明治維新以来最大の被害を出した台風といわれている。室戸台風、枕崎台風とあわせて昭和の三大台風に挙げられ、その中でも最悪の被害をもたらした。

▼富士山麓の〝雪代災害〟▲

富士山麓を一周したとき、山中湖畔近くの馬車道通りに「富士山麓の〝雪代災害〟」のことが書いてあった。説明によると、富士山麓では、堆積していた火山灰や火山礫などが雨や雪解け水とともに土石流となり、麓の村落を埋め尽くす大きな被害をもたらしてきた。特に冬から春にかけて山腹凍結斜面を流れ落ちる土砂混じりの雨や溶けた雪（スラッシュ・ラハール）を〝雪代〟と呼び、地元の人々は非常に恐れていた。富士山南東から北斜面にかけて多く発生し、富士吉田市や山中地区も過去に大きな被害を受けている。今は砂防ダム・調整池の設置や樹林帯の成長、東富士五湖道路の開通などで集落まで到達することはなくなったが、屋敷を囲む富士山溶岩・玄武岩で作られた石垣は「雪代」避けのためと思われ、霊峰富士の自然と共存する人々の暮らしがうかがえるという。

＊富士山には何度か登っているが六合目（２３９０メートル）からは樹木もなくなり、急斜面のガレ場が頂上（３７７６メートル）までつづく。富士山は遠くから眺めると、きれいな円錐形をした山だが、雪解けに伴う大量の水を含んだ雪が円錐形の山の上から流れ落ちるのを想像するだけで、恐怖を覚える。この説明板が立っていた集落は標高約１１００メートル地点だった。

第10章　太平洋戦争の爪痕

太平洋戦争は日本とアメリカ・イギリス・オランダ等の連合国軍との戦争で、昭和16年（1941）12月8日、日本のハワイ真珠湾攻撃によって開戦。日本への本土空襲、原子爆弾投下、ソ連参戦に及び、昭和20年（1945）8月14日連合軍のポツダム宣言を受諾。9月2日無条件降伏文書に調印し戦争は終結した。（詳細後述）

旧街道を歩いて過去の歴史にいろいろ触れてみると、もっと知りたいと興味を抱くものが多々あるが、最も虚しく感じたのが太平洋戦争の爪痕だった。

国家総動員法

日中戦争に際し、昭和13年（1938）に総力戦遂行のため国家のすべての人的・物的資源を政府が統制運用できる旨を規定した国家総動員法が制定された。（昭和20年12月に廃止）

▼航空機燃料の原料として伐採された〝松並木〟▲

東海道の清水次郎長で有名な〝ほそいの松原〟は全長360メートル、松は206本あったというが、太平洋戦争のとき航空機燃料（松根油）の原料として伐採され、現在その面影は見られない。今ある松はその後植樹されたものという。

＊奥州街道の岩沼の少し手前に〝船迫の松並木〟のことを記した碑が建っている。説明によると、田畑に働く人たちや旅人たちが、夏は暑さを避けるため、冬は蔵王おろしから身を護るため松並木の下に集まり昼飯を食べたり、ごろりと横になり一休みしたりしたが、その松並木も第二次世界大戦中、軍用資材（松根油）として掘り伐られ、今はただ一本〝名残りの松〟として、その姿を伝えているという。こうして各地の松並木の多くが伐採されている。

▼金属類回収令で徴集された金属製の灯籠・銅像・お地蔵さん▲

奥州街道の栃木県大田原市の交差点に見事な金属製の燈籠が建っている。旅人の夜道の無事を祈願して建てられたものだが、今あるのは地元商店街有志によって再建された金燈籠で、往時のものは太平洋戦争末期に徴集されたという。

＊日光街道の日光橋のたもとに板垣退助銅像が建っている。戊辰戦争のとき、板垣退助は日光廟に立てこもった旧幕府軍を説得し、社寺を兵火から守っている。その遺徳を讃え建立されたが、第2次世界大戦中に軍需に徴集され、昭和42年に再建されたという。

＊長崎街道の佐賀城下を過ぎると、旅人が道中の無事と無病を祈願したお地蔵さんが建っている。今あるのは地元有志によって再建された石像で、往時のものは銅製なので昭和19年に徴集されたという。

広島・長崎に投下された原子爆弾

太平洋戦争末期、昭和20年（1945）3月～6月にかけて、沖縄戦、本土空襲、東京大空襲、8月6日に広島に原爆投下、8月9日に長崎に原爆投下、そして8月14日に日本政府がポツダム宣言受諾を連合軍に通知、8月15日の玉音放送によって日本の降伏が国民に公表された。

【広島に投下された原子爆弾】

昭和20年（1945）8月6日午前8時15分、米軍のB29爆撃機が人類史上最初の原子爆弾を広島市中心街に投下。原爆は広島県産業奨励館の南東約160メートル地点の上空約600メートルで炸裂し、建物は大破・全焼、館内にいた全員が即死したといわれている。そして、この一個の爆弾によって20万を超える人々の生命が失われ、半径約2キロに及ぶ市街地が廃墟と化したという。

山陽道は広島の原爆被災地の中心地を通る。この中心地に入る広島城下入口の京橋は昭和2年にコンクリート製に架け替えられたもので、原子爆弾の惨禍に耐え、被爆者の避難や救援の通り道として多くの人の命を救ったといわれている。

▼爆心地・中島地区（爆心地から100～700メートル）の被災状況▲

平和大橋を渡って平和記念公園に来ると、中島地区の被災状況が写真を添えて次のように記されている。

「中島地区（現在の平和記念公園一帯）は幕末から明治・大正・昭和にかけて市内有数の繁華街として賑わっていました。1945年（昭和20）8月6日、爆心地から至近距離にあったこの地区は、全滅状態となりました。この日は、多数の学徒と地域や職場から動員された人々が現在の平和大通り周辺で、建物の疎開作業のため動員されていました。顔の判別もつかぬほど焼けただれ、水を求めて川岸に集まった生徒たちは、全員が死亡しました」

▼原爆ドーム▲

平成8年（1996）12月、原爆ドームは人類史上初めて使用された核兵器の惨禍を伝える歴史の証人として、また、核兵器の廃絶と世界の恒久平和の大切さ訴え続ける人類共通の平和記念碑として世界遺産に登録されている。

＊元安橋を渡って原爆ドーム前に来ると、次のような碑文が添えてある。

「昭和20年8月6日　史上はじめての原子爆弾によって破壊された旧広島県産業奨励館の残骸である。爆弾はこの建物のほぼ直上約600メートルの空中で爆発した。その1個の爆弾によって20万をこえる人々の生命が失われ、半径約2キロメートルに及ぶ市街地が廃墟と化した。この悲痛な事実を後世に伝え人類の戒めとするため、国の内外の平和を願う多数の人々の寄金によって補強工事を施し、これを永久保存する。昭和42年8月6日広島市」

＊広島城下入口の京橋を渡り爆心地の平和記念公園を通って、慰霊碑や記念碑の説明を一つ一つ読みながら焼け崩れた原爆ドームを目の前にすると、本当に原爆の悲惨さと平和の尊さに心が打た

れる。こういった事実を後世に伝え残すためにも〝形を残す〟ことが大事だと思った。こうして改めて訪れてみると〝事実・願い・訴え〟がより心に伝わってくる。外国から多くの観光客が訪れていたが、〝原爆の悲惨さと平和の尊さ〟を世界に訴えてゆくためにも、世界遺産に登録されてよかったと思う。

このあと立ち寄った広島城には被爆したユーカリの木が生きて残っているが、爆心地側の幹が原爆の熱線で黒く焼けただれていた。

【長崎に投下された原子爆弾】

太平洋戦争の末期、昭和20年（1945）8月9日早朝、西太平洋マリアナ諸島のテニアン基地を飛び立った原爆搭載機B29「ボックスカー」号は、第一攻撃目標の北九州の工業地帯小倉市上空に到着したが、小倉市上空は天候不良のため視界がきかず、第二目標であった長崎へと方向を転じた。長崎上空へ侵入した「ボックスカー」号は、雲の切れ間に三菱長崎兵器製作所の巨大な工場群を発見、高度3万フィート（約9000メートル）から投下した原子爆弾は、午前11時2分、長崎市の北部、松山町の上空約500メートルで天を裂くような熾烈な閃光を伴って爆発したという。

（平和公園の「原爆搭載機長崎へ」より）

長崎街道の終点〝長崎県庁〟の北約4キロの地点に原子爆弾が投下された。一帯は世界平和への願いを込めてつくられた平和公園になっていて、この一画に原爆落下中心地碑、平和祈念像、平和の泉などがある。

▼原子爆弾落下中心地▲

米軍の爆撃機B29により投下された原爆落下中心地に、黒御影の大きな碑が建っている。碑台前面に大きく「原爆殉難者名奉安」、右奥に「原子爆弾落下中心地」、左奥に次のような碑文が記されている。

「昭和二十年八月九日午前十一時二分、一発の原子爆弾が、この地の上空五〇〇メートルでさく裂し、一瞬、七三、八〇〇人の尊い生命を奪い、七六、七〇〇人の負傷者を出した。同時に、家屋の焼失一一、五〇〇戸、全壊又は大破したもの六、八〇〇戸、この地を中心として、二・五キロメートルに及ぶ地域が壊滅した。その惨状は筆舌に尽し難い。ここに原子爆弾落下の中心地を示すためこの碑を建てる」

▼平和祈念像▲

平和公園に建つ平和祈念像は、生き残った市民が被爆諸霊の冥福を祈り、この惨禍が再び繰り返されてはならないという切なる念願により、世界恒久平和のシンボルとして昭和30年8月の原爆10周年記念日に建立されている。

全長約10メートルの青銅男神像で、上方を指した右手は原爆の脅威を示し、水平に伸ばした左手は平けく安らけくと平和をすすめる姿であり、頑丈な体躯は絶者の神威を示し、柔和な顔は「神の愛」または「仏の慈悲」を表し、また軽く閉じた目は戦争犠牲者の冥福を祈っている姿だといわれている。折り曲げた右足はめい想即ち静、立った左足は救済即ち動、何れも神仏の特性を表現したものという。(「平和祈念像」の説明より)

▼平和の泉▲

平和祈念像に相対して、平和の鳩の羽ばたきを形どったという噴水の池「平和の泉」がある。ここに次のような長崎市長の言葉が記されている。

「昭和20年8月9日、原爆のために体内まで焼けただれた被爆者は〝水を〟〝水を〟とうめき叫びながら、死んでいきました。その痛ましい霊に水を捧げて、めい福を祈り、あわせて世界恒久平和を祈念するため、核兵器禁止世界平和建設国民会議と長崎市は、全国からの浄財を基として、ここに〝平和の泉〟を建設しました。今日、ここを訪れてくださいましたあなたに、めい福を祈り、平和を祈念していただければ、誠に幸いと存じます」

終戦前後

▼アメリカへ向けて放球したといわれる勿来の風船爆弾基地跡▲

陸前浜街道を勿来関跡から勿来駅へ下りてゆくと、アメリカへ向けて放球したといわれる風船爆弾の〝勿来基地跡〟がある。

ここに勿来基地跡図と風船爆弾全体図が描かれた説明板があり、基地跡図に放球台(6カ所)、水素ボンベ置場(3カ所)、防空壕(4カ所)、火薬庫、砲台、兵舎、倉庫などの位置が描かれている。風船爆弾は気球爆破用火薬を備えた直径10メートルの紙製気球に、高度維持装置、バラスト砂袋、15キロの爆弾と5キロの焼夷弾4個を麻縄19本で吊り下げる構造になっている。隅っこに小さく「第二次大戦中の昭和19年11月頃から翌20年3月頃までアメリカに向けて放球したと言われている」と記されている。この5カ月後に広島に原爆が落とされた。

▼アメリカ潜水艦の魚雷攻撃を受けた貨物船▲

土佐街道を椎名から室戸岬へ向かうと、途中に「滋賀丸遭難者慰霊碑案内板」が立っている。説明によると、昭和19年5月30日、この沖合約1500メートルを高知より大阪に向けて航行中の貨客船、滋賀丸約900トンがアメリカ潜水艦の魚雷攻撃を受け瞬時にして沈没。当時は報道を禁止され、詳細不明のまま30年が過ぎたが、その後の調査で幼児を含む37名の遭難者を確認し、眼下の波打ち際に慰霊の碑を建立したという。

▼終戦前日、魚雷攻撃で撃沈された日本海軍海防艦▲

丹後街道の城崎温泉から鳥取県に向かうと、景勝地・香住海岸の岡見公園に悲惨な海戦を追悼する鎮魂碑が建っている。

碑文を要約すると、「第二次世界大戦終結前日（昭和20年8月14日）正午前、元山港から日本帰港を待つ船団を護衛するために向かった日本海軍海防艦2隻が香住沖を航行中、突然米国潜水艦トルスト号の魚雷攻撃を受け、交戦空しく相前後して撃沈された。両艦総乗務員400名余の内55名が戦死、他の乗務員は香住町民によって全員救助された。その後は敗戦の混乱のうちに処理されることともなく年月を重ねて、今もなお、両艦とその乗務戦没者は青く澄んだ香住近海の底深く沈んでいる」という。

▼残存機雷の掃海殉職者顕彰碑▲

讃岐街道を川之江から丸亀に向かうと、街道筋近くの琴平山中腹に「海の神様」として親しまれる金刀比羅宮がある。この境内に掃海殉職者顕彰碑が建っていて、この建立の由来が記されている。（要約）

「第二次大戦中、瀬戸内海及び日本近海には6万7千余個に及ぶ各種機雷が敷設され、日本周辺の主要港湾、水路はことごとく塞がれていた。戦後これら残存機雷の除去が国家再建の緊急業務となり、旧海軍関係者が率先して航路啓開業務に従事。6年有余に亘って自らの危険を顧みず掃海や爆発物処理作業に挺身し、不幸にも79名が殉職した。これら我が国の産業経済の復興に大きく貢献した殉職隊員の偉業を永久に讃え、後世に伝えるため、海にゆかりある金刀比羅宮境内に掃海殉職者顕彰碑を建立した」

▼シベリア強制抑留▲

終戦後、日本軍捕虜らが、ソ連によってシベリアなどに労働力として移送され、抑留生活と強制労働により多数の人的被害を被ったといわれている。

薩摩街道の日奈久宿を過ぎ二見本町に来ると「熊本七〇〇〇会記念碑」が建っている。ここに、シベリアに強制抑留された人たちのことが記されている。要約すると、「熊本七〇〇〇会は海外派遣百六師団編成の独立満州第七〇〇〇部隊の熊本県出身者で、シベリア強制抑留より昭和23年に帰還した有志37名が、日奈久温泉岩崎亮吉氏宅2階に参集したのが始まり。満州での兵営生活、シベリアでの強制労働等で苦難を共にした者同士の友情と愛情は永久に忘れ難く、以後毎年1回以上県内各地を会場に集会することを約束。以来会員も増加し、他県にも呼びかけて友愛全国七〇〇〇会へと発展した。（後略）」とある。

▼戦後の引揚者・復員兵を迎え入れた舞鶴港▲

舞鶴湾には舞鶴港、舞鶴東港、舞鶴西港の三つの港がある。引揚港として役割を担ったのが軍港だった舞鶴港で、平桟橋へ上陸した引揚者は引揚援護局で手続きを行い、ここから家族が待つ舞鶴東港へ船で移動している。

舞鶴引揚記念館資料によると、戦後、旧満州、朝鮮半島、南太平洋など多くの国や地域に約660万人もの日本人が残された。これらの人々を速やかに日本へ帰国させるため、呉をはじめ18港の引揚港が全国につぎつぎと設置され、舞鶴港は主に旧満州や朝鮮半島、シベリアからの引揚者・復員兵を迎え入れる港として、昭和20年10月7日に最初の引揚船「雲仙丸」の入港から昭和33年9月7日の最終引揚船「白山丸」まで国内で唯一、13年間にわたり約66万人もの引揚者・復員兵を迎え入れたという。

＊丹後街道を福井県から古坂峠を越えて京都府の舞鶴湾にでると東港の岸壁に「岸壁の母・妻」と題した説明パネルが立っていて、次のように書いてある。

「この五条海岸は引揚者を待つ家族が感激の再会をした喜びの場所であり、なんど訪れても再会どころか消息さえ得られず、はるかシベリアの空を仰ぎ、落胆と失望と共に〝岸壁の母・妻〟と呼ばれる家族が待ちわびた場所でもありました。この写真にある五条桟橋は、昭和25年まで引揚援護局から故郷へ向かう引揚者を乗せて船が着く浮桟橋としてこの場所に係留されていました。その後、昭和28年～33年の間は場所を移し平南桟橋として引揚者の第一歩を記した桟橋でした」。この説明に五条桟橋で引揚者の家族を待つ写真が添えてある。

舞鶴港は昭和25年以降も国内唯一の引揚港として最後まで重要な役割を果たし、〝引き揚げの町・舞鶴〟として全国にその名が広まった。また、「岸壁の母」「岸壁の妻」と題し涙を誘う唄や映画が作られた。舞鶴港には引揚記念公園や舞鶴引揚記念館がある。

〈補足〉　太平洋戦争について

太平洋戦争は第二次世界大戦のうち、主として太平洋方面における日本とアメリカ・イギリス・オランダ等の連合国軍との戦争。十五年戦争の第3段階で、中国戦線をも含む。日中戦争の長期化と日本の南方進出が連合国との摩擦を深め、種々外交交渉が続けられたが、昭和16年（1941）12月8日、日本のハワイ真珠湾攻撃によって開戦。戦争初期、日本軍は優勢であったが、昭和17年半ば頃から連合軍は反攻に転じ、ミッドウェー・ガダルカナル・サイパン・硫黄島・沖縄本島等において日本軍は致命的打撃を受け、本土空襲、原子爆弾投下、ソ連参戦に及び、昭和20年（1945）8月14日連合軍のポツダム宣言を受諾、9月2日無条件降伏文書に調印。戦争中日本では大東亜戦争と公称。
・十五年戦争とは昭和6年（１９３１）の柳条湖事件から昭和20年（１９４５）の降伏まで、日本が15年にわたって行った一連の戦争。すなわち満州事変・日中戦争・太平洋戦争の総称。
・ポツダム宣言とは１９４５年7月26日、ドイツのポツダムにおいてアメリカ合衆国・中華民国・イギリス（後にソ連が参加）が日本に対して発した共同宣言。戦争終結、日本の降伏条件を定めて発表したもので、軍国主義的指導勢力の除去、戦争犯罪人の厳罰、連合国による占領、日本領土の局限、日本の徹底的民主化などを規定。日本ははじめこれを無視したが、原子爆弾の投下、ソ連の参戦により同年8月14日受諾して、太平洋戦争が終了。（広辞苑より）
・太平洋戦争が終結したとされる日については、日本政府がポツダム宣言受諾を連合軍に通知した日（昭和20年8月14日）、玉音放送により日本の降伏が国民に公表された日（昭和20年8月15日）、日本政府がポツダム宣言に定めた降伏文書に調印した日（昭和20年9月2日）、等々諸説あり。
・日本が返還を求めている北方領土問題は、広辞苑には「第二次世界大戦後にソ連が占領している歯舞諸島・色丹島、南千島の国後島・択捉島の帰属をめぐる日本とソ連との領土問題」とある。日本政府がポツダム宣言受諾を連合軍に通知したのが昭和20年8月14日。この後、昭和20年8月28日から9月5日にかけてソ連軍は北方領土に上陸し占領したといわれている。

第11章　著名人物の足跡・遺徳

旧街道には歴史上の著名人物の足跡や遺徳を伝えるものが色々残っている。ここでは蝦夷を平定した征夷大将軍の坂上田村麻呂、多くの遺徳を残した弘法大師、多くの伝説を残した源義経、流罪となった親鸞、日蓮についてピックアップしてみた。

蝦夷を平定した坂上田村麻呂

大化の改新（645年）後、大宝元年（701）に日本の律令制が成立。日本の統治・支配のために全国を五畿七道に区分し同名の道が開かれた。しかし七道の一つ東山道に該当する東北地方の支配領域は宮城県と山形県辺りまでで、陸奥・出羽を律令政府に服従させるため積極的に東国征討に力を入れていた。服従した民は開拓農民となって耕作に励んだが、〝まつろわぬ民〟といわれる大和朝廷に逆らう民は、山野で自らの誇りをもって縄文時代の狩猟・採集生活を送っていたという。

▼神格化された征夷大将軍・坂上田村麻呂▲

延暦16年（797）征夷大将軍に任命された坂上田村麻呂は、蝦夷を討つにあたって、がむしゃらに攻めこむのではなく、治安を回復し産業を盛んにし、民生を安定することに重点をおいたといわれている。蝦夷に対しても、帰順してくる者には土地を与え生活を保証し、また律令農民との間の交易も認めたという。そして延暦20年（801）に胆沢地方を律令国家の掌中に収め、東北地方全土を平定。武勲だけでなく帰降蝦夷の取扱いに誠意をもってあたった人物として大きな信頼を寄せられ、偉大な将軍として神格化され、東北の人々にも後々まで尊崇されている。

＊鎌倉街道の笛吹峠から大蔵集落に向かうと〝縁切橋〟の標示が立っている。説明によると、征夷大将軍坂上田村麻呂が軍勢を引き連れてこの地に滞在し、岩殿の悪龍退治の準備に忙殺されていた。そこへ将軍の奥方が京都から心配のあまり訪ねてきた。しかし坂上田村麻呂は、「上の命令で征夷大将軍として派遣されている我に、妻女が訪ねるとは何事だ、逢わぬぞ」と大声でどなった。翌朝、京へ帰る奥方に、「大命を受けて出陣しているのに追い来るとは何事だ。今より縁を切る。早々立ち去れ」と宣言。それからこの橋は縁切橋といわれているという。

＊東海道の鈴鹿峠の頂上に、「昔はこのあたりに山賊が横行したもので、近くにある鏡岩は、山賊が峠を越える旅人の姿をその大岩に写して襲ったものだと伝えられている。この峠の近くには山賊を退治したという坂上田村麻呂を祀る田村神社がある」といった説明板が立っている。鈴鹿峠を下るとその田村神社があった。

＊奥州街道の福島・宮城県の県境を過ぎると、国道脇に「下紐の石」があり、左の林に「越河番

所跡」の標示が見える。この白石市越河の県境は古く坂上田村麻呂が関所を置いて以来、〝下紐の関〟として歌枕に挙げられ有名になったという。

＊奥州街道の越河宿の先に坂上田村麻呂ゆかりの〝馬牛沼〟がある。説明によると、この地方にはびこる悪路王や青頭・赤頭など鬼形の者たちに苦しめられている村人たちのことを知った田村麻呂は、斎が川で身を清め、鈴鹿明神の助力を得て悪者を退治した。村人がその徳を慕って祀ったのが田村神社のはじまりだという。このとき、坂上田村麻呂の馬が沼に落ちて死んだことから馬入沼とも、馬首牛身の魚獣が泳ぎ回っていたので馬牛沼とも呼ばれたという。

＊斎川宿近くに〝鬼ずるす石〟がある。人民や旅人を捕らえては石臼に入れ、ひき砕いて喰らったという〝鬼ずるす石〟の伝説があって、この鬼は蝦夷征伐のため下向した田村麻呂将軍によって退治されたとのこと。

＊岩手県の水沢駅の少し北に、延暦21年（８０２）坂上田村麻呂によって造営された胆沢城跡がある。この胆沢城は、西の太宰府に並び称される東の鎮守府として、また古代陸奥国北半の統治機関として行政・軍事面で重要な役割を担っていたといわれている。

＊米沢街道の終点・米沢市街地に向かうと、途中に「笹野観音と一刀彫の里」がある。この笹野観音堂の由緒に「本尊は千手観音を奉安し開基は田村将軍である」とあり、縁起には「坂上田村麻呂が国家の乱れが鎮まって国が治まり、安らかな世に成ることを願って千手千眼観世音菩薩を迎えて祀り、また旅の僧が川をさかのぼる霊木を見つけて像を刻み、笹野村の鎮守、羽黒大権現として

村人に祀らしめ、笹野山の中腹に観音様の御堂と羽黒大権現の御社が有ったと伝えられている。（後略）」とある。

弘法大師の遺徳

若き日の弘法大師は室戸岬を修行地として選び、難行苦楽の末に多くの悟りを開いたといわれている。土佐街道を徳島から高知に向かうと、室戸岬の東側に大きな青年大師像が太平洋に向かって建っている。少し先に弘法大師が修行し悟りを開いたという洞窟〝御厨人窟〟がある。この御厨人窟は平安時代初期、当時青年であった弘法大師が居住した洞窟と伝えられ、この洞窟から見える風景が空と海のみで、ここから〝空海〟の法名を得たとされている。

弘仁6年（815）、弘法大師42歳のとき、若い頃に室戸岬などで修行した縁もあって徳島、高知、愛媛、香川を遍歴し、各地でいろいろな奇蹟・霊験を残し、お寺やお堂を建立して四国八十八ヶ所の霊場を開いたといわれている。弘法大師は空海の諡号《しごう》で、延喜21年（921）醍醐天皇から諡号が贈られている。

▼日本仏教・真言宗の聖地〝高野山〟▲

高野山は比叡山延暦寺と並ぶ日本仏教の聖地。弘法大師は31歳の延暦23年（804）に留学僧として遣唐使の一行と共に唐に渡り、真言密教を学んで帰国。弘仁元年（810）嵯峨天皇から「真言宗」を開く許しを得たのち、弘仁7年（816）真言密教の根本を開くため、嵯峨天皇より人里離れた高野山の地を賜り、この海抜千メートルの山上の地・高野山に弘法大師・空海自らの手で密教の道場が開かれたといわれている。

＊平成22年4月に高野山を訪れた。南海高野線の終点〝極楽橋〟から標高差400メートル近くある不動坂を登ると高野山入口に着く。メイン道路に出ると大門、檀上伽藍、金剛峯寺、奥ノ院とつづく。距離にして約4キロ。周囲には諸々の寺院が50以上建ち並び、さらに病院、町役場、小学校、大学、郵便局、公園もあって、根本道場を中心とした宗教都市が形成されている。

▼東寺（教王護国寺）**▲**

西国街道の起点は京都の東寺。京都駅の新幹線八条口から真っ直ぐ九条通りに出て西に向かうと、京都のシンボルとして有名な東寺の五重塔が見えてくる。この東寺は真言宗の総本山で、延暦15年（796）平安京遷都とともに羅城門の東に創建され、弘仁14年（823）、唐で新しい仏教、密教を学んで帰国した空海（弘法大師）に与えられ（給預）、真言宗の根本道場になったといわれている。境内に、お大師さまと〝同行二人〟のお遍路の旅「四国八十八ヶ所霊場全図」のパネルが立っている。ここに、「四国霊場巡拝には先ず東寺御影堂にお参りをして」とある。東寺は教王護国寺とも呼ばれている。

▼四国八十八ヶ所霊場▲

四国にある弘法大師ゆかりの札所の総称で、この四国八十八ヶ所を巡拝することを遍路といい、巡礼者をお遍路さんと呼んでいる。八十八ヶ所全てを廻りきると結願成就で、高野山・奥の院に詣で満願成就となる。
＊讃岐街道を伊予西条から新居浜へ向かうと、途中に「六地蔵の接待堂跡」の標柱が立っている。ここに、次のような「四国八十八ヶ所霊場巡拝」のことが記されている。
「弘仁6年（815）、弘法大師によって開かれた四国八十八ヶ所霊場は室町時代に霊場巡拝の慣わしが確立したといわれる。この霊場巡拝は〝発心の道場〟（徳島県の一番札所霊山寺から23番札所薬王寺までの23カ寺）、〝修行の道場〟（高知県の24番札所最御崎寺から39番札所延光寺までの16カ寺）、〝菩提の道場〟（愛媛県の40番札所観自在寺から65番札所前神寺までの26カ寺）、〝涅槃《ねはん》の道場〟（香川県の66番札所三角寺から88番札所大窪寺までの23カ寺）を結ぶ全長1440キロに及ぶ長い巡拝の旅。今日もまた人生の苦しみを背負った人、迷いを持った人、本当の自分を探し求めている人たちが心の癒される場所、心のより所を求めて、大師様と共にたくさんの方が巡拝の旅をされている」（要約）
＊平成26年（2014）は四国霊場開創1200年記念の年。所々でこのポスターを見かけたが、巡礼者数は年間10万～30万人といわれている。弘法大師はこの四国霊場の開創によって、四国在住の人々に計り知れない経済的効果をもたらしたといえよう。

▼弘法の井戸、爪かき地蔵▲

昔の旅人が往来した旧街道を歩いていると〝弘法の井戸〟や〝爪かき地蔵〟といった弘法大師の遺徳に出会う。これらの幾つかをピックアップしてみよう。

・弘法の井戸

弘法大師が一軒の農家に立ち寄り水を所望した。この辺りには赤水しか出ないため、きれいな水を遠くまで汲みに行き差し上げた。弘法大師は大変喜ばれ、「さぞ日々の飲み水に困っていることでしょう、ここを掘ってみなさい」と、持っていた錫杖でお差しになった。大師にいわれた場所を掘ると清水があふれ出た。（伊勢街道、三重県津市河芸）

＊市振の村はずれの茶屋に弘法大師がきて「水がほしい」といったところ、茶屋の婆さんは1キロも遠くから赤崎の冷たい清水を汲んできてあげた。弘法大師はこれを哀れんで、足元の土を杖で三度突きこの井戸をつくったという。（北陸道、新潟県糸魚川市青海）

＊このような〝弘法の井戸〟が、倶利伽羅峠（北陸道）、碓氷峠（中山道）、暗峠（奈良街道）、湯浅町・下津町（熊野古道）等にもあった。

・爪かき地蔵

弘法大師がこの地に巡錫したとき、土地の人の無病息災を祈願して岩に爪で地蔵尊を刻んだという〝爪かき地蔵〟がある。現在、地蔵尊のお姿は見られないが、水をかけると浮かび出てくるので水かけ地蔵ともいわれている。（熊野古道、和歌山県日高町）

＊孫がはやり病で4～5日前に亡くなった、村ではもう数人の子供が亡くなったという話を聞いて、哀れに思われたお大師さまが、村人の無病息災を祈って、かたわらの石に生爪で刻まれたのがこの〝爪書地蔵〟だという。それ以来、災難もなく、村の人々は今でもお大師さまの徳を偲んで絶

やすことなく花をお供えし、毎月大師講を開いてお祈りしているという。（熊野古道、和歌山県海南市下津町等）

〈補足〉

▼比叡山延暦寺▲

比叡山延暦寺は日本に天台宗を伝えた最澄によって開かれた日本天台宗の総本山。後に法然（浄土宗）、栄西（臨済宗）、親鸞（浄土真宗）、道元（曹洞宗）、日蓮（日蓮宗）ら、日本の仏教各派の始祖となった高僧を世に送り出している。当時の比叡山は、あらゆる仏教の流れを学ぶことができる総合仏教大学だったといわれている。最澄も空海と同じ遣唐使の一行と共に唐に渡っている。

＊平成24年5月に若狭九里半街道を歩いた後、比叡山坂本駅で下車し比叡山延暦寺を訪れた。比叡山は標高約840メートルの山。山頂近くまでケーブルカーが通じていて、比叡山延暦寺の境内はこの山頂約2400ヘクタールに広がっている。境内は大きく3塔（東塔・西塔・横川）の地域に分かれていて、これらを総称して比叡山延暦寺と呼ばれている。東塔が比叡山延暦寺3塔の中心で、延暦寺発祥の地として総本堂の根本中堂をはじめ重要な堂塔が集まっている。西塔は東塔より北に1キロ、横川は西塔よりさらに北へ4キロ離れていて、諸堂巡りの山道はアップダウンもあってかなり厳しいが、各エリアを結ぶ山内バスが運行されている。

仏教の諸宗派を開いた宗祖の大半が比叡山で学んでおり、この日本仏教文化の母体ともいえる比叡山延暦寺は、まさに〝日本仏教の聖地〟を思わせるものがある。

多くの伝説を残した源義経

源義経は平治の乱で父が敗死したことにより鞍馬寺に預けられるが、後に奥州平泉へ下り、藤原秀衡の庇護を受けていた。兄・頼朝が平氏打倒の兵を挙げるとそれに馳せ参じ、一ノ谷、屋島、壇ノ浦の合戦を経て平氏を滅ぼし、その最大の功労者となったが、義経の独断的行動が兄・頼朝の怒りを買って次第に対立。最後は朝敵とされて全国に捕縛の命が伝わると、難を逃れ再び藤原秀衡を頼ったが、秀衡の死後、頼朝の追及を受けた当主・藤原泰衡に攻められ衣川館で自刃し果てたといわれている。

▼鞍馬寺に預けられた牛若丸（稚児名・遮那王）**▲**

父・源義朝が平清盛に殺され、兄・頼朝は伊豆に流され、牛若丸は母と別れてひとり京都の北のはずれ鞍馬山の寺に預けられた。稚児名を遮那王と名乗り、鞍馬山で修行をしていた牛若丸は僧になるのを嫌って鞍馬寺を出奔し、奥州平泉へ下ったといわれている。

＊京都の鞍馬山に立寄ったのが平成21年5月24日。出町柳駅で叡山電鉄鞍馬線に乗換え、午後1時半に終点の鞍馬駅に着いた。道なりに鞍馬弘教総本山鞍馬寺の仁王門をくぐり、京都の三大奇祭の一つ〝鞍馬の火祭り〟で有名な由岐神社を過ぎると〝源義経公供養塔〟が建っている。このあと九十九折参道を登って標高４１０メートルの鞍馬寺本殿金堂へ。さらに鞍馬寺霊宝殿を経て奥の院参道へ向かうと、途中に〝義経公息次ぎの水〟〝義経公背比べ石〟、僧正が谷の不動堂、〝義経堂〟

とつづき、奥の院に着いたのが午後2時半すぎだった。

・源義経公供養塔は、８００年余り前、牛若丸が遮那王と名乗り7歳の頃から10年間、昼は学問、夜は武芸に励んだときに住まいした東光坊の旧跡で、義経公をしのんで昭和15年に建てられたという。

・義経公息次ぎの水は、牛若丸が毎夜〝奥の院僧正が谷〟へ剣術の修行に通ったとき、この清水を汲んで喉を潤したといわれ、８００余年後の今も湧きつづけているという。

・義経公背比べ石は、遮那王と名のって10年あまり鞍馬山で修行をしていた牛若丸が山をあとに奥州平泉の藤原秀衡の許に下るとき、名残を惜しんで背を比べた石といわれている。

・義経堂には、次のような説明が添えてある。「歴史には文治5年（１１８９）4月、奥州衣川の合戦にて自害したと伝えるが、義経公の御魂はこの山におわし、遮那王尊として護法魔王尊の破邪顕正のお働きを助けておられるという。この義経堂には遮那王尊をおまつりする」

〈補足〉

鞍馬寺は、奈良の唐招提寺の開山鑑真和上《がんじんわじょう》の高弟・鑑禎《がんちょう》上人が宝亀元年（７７０）、京都の北のはずれ鞍馬山に毘沙門天を安置したのが始まりといわれている。

鞍馬山の〝僧正が谷〟とは木の根道が続く鞍馬寺奥の院の不動堂辺り一帯を指し、古来から天狗が棲みつき出没、牛若丸はここで鞍馬の天狗から武芸を教わったと伝えられている。天狗には大天狗・小天狗・鳥天狗・木の葉天狗などの階層もつけられていて、鞍馬山の天狗は〝僧正坊〟と呼ばれ日本各地の天狗たちの総元締めとして、また〝僧正が谷〟は総本山ともいえる場所として、語り継がれているという。鞍馬山は標高569メートル。

▼牛若丸が元服した鏡神社▲

中山道を武佐から守山に向かうと「日野川の渡し場跡」にぶつかり、ここを迂回し国道8号に出ると、東山道の宿場だった「鏡の宿本陣跡」の立札と、立派な「源義経宿泊の館跡」碑が建っている。この近くに牛若丸が元服したという〝鏡神社〟と〝元服池〟がある。

・鏡神社は、平家の厳しい追手を逃れるため東男に変装し、急いで左折りの烏帽子を作らせて、自らを源九郎義経と名乗って元服したところと伝えられている。このあと奥州平泉に下っている。

・元服池には、「源義経が東下りの途（承安4年3月3日）当鏡の宿にて元服加冠の儀を行うその時に使いし水の池なり」との説明が添えてある。

▼源頼朝との対面▲

東海道の三島から沼津に向かうと、八幡神社境内に頼朝義経兄弟「対面石」がある。四角い大きな石が二つ向き合うように並んでいる。治承4年（1180）10月、平家の軍勢が富士川の辺りまで押し寄せてきたとき、鎌倉にあった源頼朝はこの地に出陣。たまたま、奥州からかけつけた弟の義経と対面し、源氏再興の苦心を語り合い、懐旧の涙にくれたという。この対面のとき、兄弟が腰かけた二つの石を対面石という、との説明が添えてある。

▼追われる身になった義経▲

義経は、「第5章　歴史に残る戦い」に記載したように、源平の戦いで平家を滅ぼし、その最大の功労者だったが、兄・頼朝の怒りを買って次第に対立。最後は朝敵として追われる身になった。以下、奥州平泉に下ってゆく足跡をピックアップしてみた。

＊鎌倉街道を府中市の分倍河原駅から国分寺に向かう途中にある、高安寺境内の「当山略縁起」に、〝みどころ〟として「辨慶硯の井」のことが書いてある。

見性寺と呼ばれていた頃のこと。義経は兄頼朝の怒りにふれ腰越まで来たが、鎌倉入りは許されなかった。やむなく京都に帰る途中、暫く見性寺に足止めし、弁慶等と赦免祈願のため大般若心経を写したという。その時裏山から清水を汲み取ったとされる弁慶硯の井の遺蹟があるとのこと。

＊中山道の武佐から守山に向かうと、牛若丸が元服した〝鏡神社〟の少し先、野洲川の手前に「平宗盛卿終焉之地」碑と塚がある。説明として、平家が滅亡した地は壇ノ浦ではなくここ野洲町である。平家最後の最高責任者平宗盛は源義経に追われ、1185年3月24日壇ノ浦合戦で敗れ、平家一門はことごとく入水戦死した。しかし一門のうち建礼門院、宗盛父子、清盛の妻の兄平時忠だけは捕らえられた。宗盛父子は源義経に連れられて鎌倉近くまで下ったが、義経は頼朝に憎まれ追い返され、再び京都へ向かった。途中、京都まであと一日程のここ篠原の地で義経は都に首を持ち帰るため、平家最後の総大将宗盛とその子清宗を斬った。そして義経のせめてもの配慮で父子の胴は一つの穴に埋められ、塚が建てられた、といった内容が書いてあった。

＊西国街道を石橋から西宮神社に向かうと、国道176号沿いに〝弁慶の泉〟がある。文治元年

（1185）義経の一行が、西国街道を逃れて河尻（尼崎）に行く途中、弁慶は行く手を阻む多田行綱らを相手に奮戦し、この泉でのどの渇きを潤したと伝えられるもので、「摂津詩」に「俗伝弁慶止渇干此」と記されているという。

頼朝の背信にあい、その怒りから兄討伐を決意するが、畿内武士の支持が得られず西国落ちを余儀なくされた頃と思われる。

＊吉野山に立寄ったとき、〝奥千本〟手前の金峯神社のすぐ脇に〝義経の隠れ塔〟があった。説明によると、文治元年（1185）11月、頼朝に追われ吉野に忍んでいた義経がこの塔に隠れ、追手から逃れるため屋根を蹴破って外へ出たため、「義経の隠れ塔、蹴抜けの塔」ともいわれている。

＊このあと北陸道を通って奥州藤原氏のもとへ落ち延びている。この足跡として〝安宅の関〟を越えて越中に入った義経一行が、しばしの休息をとるため、浜黒崎の松並木の一つに鎧を掛けたという「義経鎧掛けの松」があり、寺泊には〝判官地蔵〟がある。説明によると、奥州平泉を目指して落ち行く義経主従は直江津から船に乗り、寺泊へ漂着。里人は一行の身の上を憐れんで地蔵を祀り、九郎判官義経に因んで判官地蔵と呼んだ。主従は町の長五十嵐家でしばらく休息し、奥州へ落ち延びたという。

＊羽州浜街道の起点・鼠が関の厳島神社境内に大きな「源義経ゆかりの浜」碑が建っている。ここに、「兄頼朝の追討を逃れて、義経・弁慶主従が奥州平泉の里へ向う途中、ここ〝念珠関〟では弁慶の機智により通ることができ、更に、関守の世話で当地に宿泊、疲れをいやした。この碑はN

HK大河ドラマ〝源義経〟にちなみ作者・村上元三氏の揮毫により建てられた」とある。ここから少し行くと念珠関址がある。

＊奥州街道の平泉駅から少し北に向かうと、小高いところの一角に高館義経堂《たかだちぎけいどう》がある。ここに、次のような説明板が立っている。要約すると、「ここ高館は義経最後の地として伝えられてきた。藤原秀衡は兄頼朝に追われ逃れてきた義経を平泉にかくまう。しかし秀衡の死後、頼朝の圧力に耐えかねた四代泰衡は、父の遺命に背いて義経を襲った。文治5年（1189）閏4月30日、一代の英雄義経はここに妻子を道連れに自刃した。時に義経31歳。吾妻鏡によると義経は〝衣河館〟に滞在していたところを襲われた。今は〝判官館《はんかんだて》〟とも呼ばれるこの地は〝衣河館〟だったのだろうか。ここには天和3年（1683）伊達綱村の建立した義経堂があり、甲冑姿の義経の像が祀られている」とある。

▼伝説義経北行コース▲

この義経堂の側に〝伝説義経北行コース〟と題する説明板が立っている。要約すると、「義経の短くも華麗だったその生涯を想い〝義経はその1年前にひそかに平泉を脱し、北をめざして旅に出た〟という伝説を作りあげたのである。世にいう〝判官びいき〟であろう。その伝説では〝文治5年に、この高館で自刃したのは、義経の影武者である杉目太郎行信であって義経はその1年前に弁慶らをともない館を出て、東稲山を越え長い北への旅に出たのである〟と伝えられている」とある。

＊奥州街道の終点・三厩《みんまや》に〝伝説義経北行コース〟を語る厩石がある。ここに次のような〝厩石の由来〟が書いてある。

「文治五年（１１８９年）、兄頼朝の計らいで、衣川の高館で藤原泰衡に急襲された源義経は、館に火をかけ自刃した。これが歴史の通説であるが、義経は生きていた！　藤原秀衡の遺書〝危機が迫るようなことがあったら館に火をかけ自刃を粧って遠くの蝦夷が島（北海道）へ渡るべし〟のとおり北を目指しこの地に辿り着いた。近くに蝦夷が島を望むが、荒れ狂う津軽海峡が行く手を阻んで容易に渡ることができない。そこで義経は海岸の奇岩上に座して、三日三晩日頃信仰する身代の観世音を安置し、波風を静め渡海できるよう一心に祈願した。丁度満願の暁に、白髪の翁が現れ〝三頭の龍馬を与える。これに乗って渡るがよい〟と云って消えた。翌朝巌上を降りると岩穴には三頭の龍馬が繋がれ、海上は、鏡のように静まっていて義経は無事に蝦夷が島に渡ることができた。それから、この岩を厩石、この地を三馬屋（三厩村）と呼ぶようになりました」

厩石の前に「源義経渡道之地」の標柱が立っていて、この横に、源義経龍神塔と静御前龍神塔が並んでいる。近くの高台に義経寺がある。

越後国府へ流罪となった親鸞

浄土真宗の宗祖・親鸞は、法然を師と仰ぎ〝真の宗教である浄土宗の教え〟を継承し、さらに高めていくことに力を注いだといわれている。法然の教えは、出家得度して長い時間かけて修行を行わなくても、誰もが簡単に南無阿弥陀仏の念仏さえ唱えれば悟りを開き往生できると説くもので、それまでの仏教のあり方を全面的に否定するものをもっていたという。このため既成の仏教勢力から強い批判を招き、法然の専修念仏を取り締まるよう訴えが出された。これが承元元年（1207）の〝承元の法難〟と呼ばれる弾圧事件で、この念仏禁止の弾圧によって法然は土佐へ、親鸞は越後国府へ流罪された。

＊福井県の芦原温泉駅を過ぎて下関集落に入ると立派な「石団子の地」碑が建っていて、ここに旧跡の由来が書いてある。要約すると、「承元元年（1207）、親鸞聖人は無実の罪を負うて越後の国府に遠流となり、ここ北陸街道にあたる下関地区を通られた折り、お休みを兼ねて民家に立ち寄られた。お腹も空いた頃とて、目の前の団子を所望したところ、老婆は娘に持たせる土産といって施さず、この場を立去るようにと振舞った。その後、娘は団子を試食してみるに、団子は石のように固くなり、火にかけても、焼いても食べられず、母子はどうしたことかと驚き極まった。娘可愛さのみに捉われ、御出家に施しせざる報いぞと、吾が身のあさましさを恥じ入り、心静かに改悟懺悔せり。それより母子とも仏法を大切に無二の念仏者になったという。これ、今にこの地に伝わる〝石団子〟遺跡の由来である」とある。

所々で見かけるこういった人の道を戒める遺跡は、昔の人の知恵なのだろうか。

＊富山県・滑川の「浜黒崎の松並木」に、しばし腰を下ろし休息をとったという〝親鸞上人腰掛けの松〟、新潟県との県境近くの朝日町に〝親鸞聖人の御腰掛石〟、そして直江津の居多ケ浜《こたがはま》に来る

と「親鸞聖人上陸の地」がある。説明によると、念仏停止《ちょうじ》によって越後国府へ流罪となった親鸞聖人は、ここ居多ヶ浜に上陸し、35歳から42歳までの7年間をこの国府で過ごしたという。この上陸の地は海を望む展望台になっていて、近くに聖人の木像が安置された見真堂と「念仏発祥の地」碑がある。

＊居多ヶ浜から春日山城跡に向かうと、すぐに境内に親鸞聖人の旧跡・竹之内草庵がある五智国分寺、親鸞聖人ゆかりの居多神社、そして「親鸞聖人国府配所」碑が建つ本願寺国府別院がある。この境内に親鸞聖人像が建っていて、親鸞のことが次のように書いてある。

「承元元年（１２０７）親鸞聖人は専修念仏停止の法難により、越後国府に遠流になられた。聖人は居多ヶ浜にご上陸になり、配所竹之内草庵で約1年間住まわれ、後に竹之前《たけがはな》草庵のあったこの地に移られました。ここで恵信尼公との結婚生活を営み、在家の凡夫がそのまま救われる道を顕わされ、建保2年（１２１４）関東へ旅立たれるまで、この地でお念仏の教えを弘められました。ここは浄土真宗発祥の聖地というべき所です。（後略）」

佐渡へ流罪となった日蓮

日蓮宗の宗祖・日蓮は伊豆と佐渡の2度、流罪に処されている。鎌倉は風水害、飢饉、地震といった災害に見舞われる中、自分の考え「立正安国論」を時の執権・北条時頼に直談判し伊豆に流罪。2年で許されたが、その後も他の宗派に対する批判を激化させたことから、周囲との軋轢が増して今度は冬の佐渡に流罪されている。

＊北国街道を出雲崎から北に向かうと、寺泊に左手に数珠を持ち右手を挙げて獅子吼する日蓮聖人獅子吼像が建っている。ここに〝日蓮聖人の遺跡〟と題して次のように説明がある。「日蓮聖人が文永8年（1271）10月、佐渡配流の折に風待ちのため石川吉弘邸に7日間滞在した。聖人がここで書いた上総国中山の弟子日常あての書状は〝寺泊御書〟として日蓮宗門で高く評価されている。その時に用いた硯水の井戸は、今も涸れることはなく大切に保存されている。佐渡に向って獅子吼する銅像は昭和39年に建立された」

＊佐渡島に渡ると、小木海岸の景勝地〝矢島・経島〟に「経島は日蓮聖人の赦免状を持って佐渡に渡ろうとした弟子の日朗が漂着し、読経して一夜を明かした所で、頂上には日朗の石像が安置されている」といった説明板が立っている。

＊柏崎から少し南に下ると〝番神堂〟がある。日蓮宗妙行寺の境外仏堂で、文永11年（1274）、佐渡から赦免の折、日蓮上人が三十番神を勧請（神や仏の霊を移して祭ること）したと伝えられている。正面に「日蓮聖人着岸の霊地　番神堂」の標柱が立っていて、番神堂の裏に回ると日蓮上人像が建っている。台座に「立正安国」とある。ここは番神岬にあって柏崎市街地と柏崎港が一望できる。正面に佐渡島があるのだが、この日は見えなかった。

＊甲州街道の釜無川を渡って長野県に入ると、「日蓮上人の高座石」がある。ここに、「文永十一年（一二七四）三月、流罪を赦された日蓮上人は佐渡から鎌倉に帰ったが、その後、甲斐国河内の

豪族波木井氏の庇護を受けて見延に草庵をつくることになった。その合間に、上人は甲斐の逸見筋から武川筋の村々を巡錫《じゅんしゃく》した。下蔦木に立寄ったのはこの時である。伝承によると、当時、村には悪疫が流行し村人が難渋していたので、上人は三日三晩この岩上に立って説法とともに加持祈祷を行い、霊験をあらわにしたという。その高徳に村人はことごとく帰依し、真言宗の寺であった真福寺の住職も感応して名を日誘と改め、日蓮宗に改宗したといわれる。また、このとき上人が地に挿して置いた杖から蔦の芽が生えて岩を覆うようになったとも伝えられる。その後、日誘はこの高座石の傍らにお堂を建てて上人をまつり、近郷への布教につとめたという。（後略）」とある。

おわりに

日本橋から甲州街道を歩いて9日目、長野県諏訪郡の富士見町に来ると〝御射山神戸の一里塚〟があった。盛り上がった塚に見上げるような大きなケヤキがある。樹齢380年、周囲約7メートル、樹高25メートルの巨木で、塚・ケヤキともに往時のものが保存されている。こうした本物の一里塚に出会うのは初めてだった。昔の旅人が目印としていた一里塚を、今、同じ旅人として見ていると思うと感動するものがある。求めていたものに出会ったようでうれしかった。

旧街道を歩いて、まず〝日本にはなんと神社仏閣が多いのだろう〟と思った。古社寺の建造物など歴史的に価値あるものから、地蔵堂、お地蔵さん、庚申塔、馬頭観世音、牛頭観世音等々、石仏・石塔まで含めるときりがないくらいにある。まさに街道筋の〝みちしるべ〟のように建っている。なぜこんなに多いのか、当時の人々が抱えていた苦しみ、不安、願い事といった心の悩みを解き放っていたのだろうか。数の多さは、その時代に生きていた人々の心を表しているのかもしれないと思った。

田園地帯にさしかかると立派な瓦屋根の大きな家を見かける。昔からの家にそれなりに手を加えながら大家族で暮らしているように見受けられる。伊勢街道を歩いたとき、昔ながらの格子戸造りの家に7代目で200年住んでいるという家があった。都会から離れてこういった街道筋の人々の生活を見ていると、昔からのよいところを残すことで、都会にはないゆとりのようなものを感じるときがある。

人里離れた峠越えの道に入ると「熊出没注意」の注意をよく見かける。中山道の鳥居峠の頂上から九十九折《つづらお》りの道を下っていたとき、突然、体長1メートル以上ある日本カモシカに出くわして驚いた。それも「熊の出没注意」の立て札が立っていて、さらに「熊よけ鈴　お鳴らし下さい」と赤字で書かれた立て札が間隔を置いて立っていたのを見たあとだけに、一瞬、熊か、と本当にビックリした。このあと〝熊よけ鈴〟を必ず携帯するようになった。寂しい峠道を一人で歩いていると物音に敏感になり、何か出てこないかと恐怖を感じる。こういうところで追いはぎに襲われたらひとたまりもないだろう。武士は帯刀しているが、それ以外の人は私と同じ思いだったのでは、とくに女性の一人旅は怖かったのでは、と思う。

最初は、昔の旅人が行き交った道を〝できる限り忠実に辿ろう〟という思いがあった。しかし、関東から離れるにつれ、蜘蛛の巣が顔にかかったり、途中から雑草が生い茂っていて先に進むのをあきらめ戻ったりすることが度々。とくに、山陽道で何回か続いたので、事前に通れるかどうか、地元の人に確かめるなどして無理しないようになった。〝要注意〟なのは、たとえ地形図に道が描かれていても、昔の畑がなくなっていていて人も通らない山道だったり、古道入口の標識が出ていても

〝昔の道があったところ〟というにすぎない場合もある。だから通り抜けられるかどうかは別のことだということだった。

東海道といえば国道1号のイメージが強かった。しかし、江戸と京都を結ぶ大動脈として数多くの大名が参勤交代に利用した街道、道中には風光明媚な場所や名所旧跡が多く残っている。さすが東海道だと思った。しかし、大井川をはじめ、浜名の渡し、桑名の渡しといった水難所が多く、女の人はこれを嫌い中山道を多く利用したといわれている。ちなみに大井川や天竜川は川幅が広く、橋を渡るのに20分近くかかっている。

中山道は旧街道がよく残っていて、美しい自然風景に接しながら楽しく歩ける。しかし、碓氷峠、和田峠、鳥居峠といった厳しい中部山岳地帯を抜ける道でもある。11月下旬に和田峠を通ったとき、前の日に降った雪が一面を覆っていたため、峠道を探しながら苦労して歩いた。鳥居峠は雪解けの4月まで通れなかった。

四国では、他の街道との違いが二つあった。一つは、他でよく見かけた庚申塔や二十三夜塔、それに馬頭観音、地神、水神、田の神といった石塔や石仏を見かけなかったこと。もう一つは、旧街道と遍路道が重なっているところが多く、お遍路さんに出会い、宿でも遍路さんと一緒になることが多かったこと。大きなリュックを背負って歩いているのでお遍路さんと間違われることも度々だった。

最もインパクトを受けた街道は、明治維新のエネルギーを肌で感じた山陽道、長崎街道、薩摩街道だった。それに、日本神話の一端に触れることができた日向街道もそうだろう。今まで古事記や日本書紀にはまったく関心はなかったが、日向神話「神武東遷船出の地」〝美々津〟を訪れ、改めて日本神話に興味が湧いてきた。

本文では述べていないが、神戸港のメリケンパークに〝希望の船出〟と題した親子3人の銅像が建っていた。明治元年（1868）神戸港は世界に門戸を開き、開港早々から移民船の基地として多くの移住者を世界に送り出している。説明板に「海外移住の歴史」が書いてあった。抜粋すると、ハワイ（1868年、153人）、北米（1869年、40人）、ハワイ（1885年、950人）、ペルー（1899年、790人）、ブラジル（1908年、781人）とあるが、豊かさを求め、思い出いっぱいのふるさとを後にされた人々である。そのご苦労は察するに余りある。

また、鳥取県と島根県の県境にさしかかったとき、米子市の総泉寺境内に領土問題になっている竹島のことが書いてあった。「米子城主のご母堂が眠る総泉寺」の説明板だったが、ここに、「寺の墓地には、十七世紀約八〇年間にわたり竹島（鬱陵島《うつりょう》）に渡海し、アワビなど大量の海産物を持ち帰り、藩の財政を助けた米子町人大谷甚吉の墓がある。（後略）」と書いてあった。竹島のことを初めて知るものだった。地図で調べると鬱陵島（ウルルン島）と竹島の間に国境ラインが引かれていて、竹島には男島と女島の2島があって島根県壱岐郡壱岐の島町とある。

こうして歩いていると、色んな地名や橋の名前、坂の名前に出会う。本文では述べていないが、最初に面白いと思ったのが〝歌詰橋〟。平将門は、藤原秀衡によって東国で殺され首級をあげられた。秀衡が京に上るために中山道のこの橋まできたとき、目を見開いた将門の首が追い駆けてきたため、将門の首に対して「歌を一首」といい、いわれた将門の首は歌を詠むことができず、橋上に落ちたという。以来、村人はこの橋を歌詰橋と呼ぶようになったという。この平将門の伝説を語り伝える名がコンクリート橋に刻まれていた。

地名では岩手県の一関市に〝鬼死骸〟という変わった名前のバス停があった。坂上田村麻呂が鬼退治をし、その死骸を埋めたところといわれているが、日常会話で使われていると思うと…しかし歴史を語る地名として残してほしい気がする。〝名は体を表す〟といわれているが、その昔は水が流れていてその川床に出来た町〝古川〟の地名もその一つかもしれない。また、中山道の大井宿から大鍬宿までの3里半に多くの坂がある。この一つに〝乱れ坂〟がある。坂が大変急で大名行列が乱れ、旅人の息が乱れ、女の人の裾も乱れるほどであったため〝乱れ坂〟と呼ばれるようになったという。ユーモアというか、その様子を語る面白い名前だと思った。

〝日本の歴史と地理を自分の目と足で確かめよう〟と旧街道を歩き始めたこともあって、過去の歴史を語るようなものがないかと、道脇に建つ石碑や碑文、説明板を見落とさないよう注意して歩いた。

また、最初はとにかく歩くことを目的として街道踏破の達成感にひたり、また一年間に何キロ歩けるかにチャレンジするかのようにひたすら歩きつづけた。甲州街道を歩いているときに、次に歩く中山道の道筋を調べ、中山道を歩いているときに東海道の道筋を調査するといったようにして、間断なく歩きつづけた。そして、熊野古道を歩き始めたとき、次は山陽道を歩こうと思い道筋を書いた資料を探したが見つからないまま、終点の大坂〝天満橋〟に着いてしまった。

最初の頃は、旧街道の道筋を調べるのに市販の参考資料を必死に探していたが、各自治体教育委員会等発行の「歴史の道調査報告書」があるのを知ったとき、これならやり通せるかもしれないとうれしかった。この歩いた道を、その都度、ウォーキング・マップに赤ペンで描いていくと、生命の血が流れてゆくかのように、歩いた足跡が身体に通う血管のように思え、もっともっと血を通わせたいという夢が膨らんでいった。そして、ひそかに心した目標は〝主要旧街道を歩いて北海道と沖縄を除く全都府県横断〟だった。

ところが、日向街道の「歴史の道調査報告書」が見つからず、結局、最後になってしまったが、道路地図の日向街道を参考にしながら城下町、宿場町、由緒ある門前町等々を通る道を自分なりに定めて歩くことにした。そして、平成27年（２０１５）3月25日に日向街道を歩き終え、この目標をなんとか達成することができた。

歩いたあと、その都度〝旅日記〟に残していたので、本書はこれを整理しまとめたものといえる。この旅日記は筆者のＨＰ〝みちの旅〟で公開中。

こうして見聞を広めたこともあって、今までと違った目で歴史小説を読み、時代劇映画を観るようになった。歩いた土地や町にも愛着が湧き、テレビの天気予報や地域のニュースにその町が出てくると、光景を思い出し今までと違った親しみをもって観るようになった。

学生時代〝歴史は年表を見ればいい、地理は地図を見ればわかる〟と思っていた。これは大きな間違いで、歴史とは〝その時代の背景を学び、当時の人たちは何を考えて生きていたのかを学ぶこと〟であり、地理とは〝その土地に伝わる文化や風土が根付いた背景や考えを学ぶこと〟だと思うようになった。

歩き始めたのが平成14年（２００２）４月、当初は国道を往来する大型トラックの排気ガスに悩まされたが、現在はほとんど気にならなくなった。技術の進歩は素晴らしい。その有難さを知った旅でもあった。

２０１６年３月

参考資料

街道物語⑮⑯　甲州街道　玉野惣次郎編　三昧堂
歩く旅　中山道を歩く　山と溪谷社
歩く旅　東海道を歩く　山と溪谷社大阪支局編　山と溪谷社
大阪・高麗橋〜京都・伏見宿　京街道　横井三保　向陽書房
街道を歩く1　日光街道　大高利一郎　のんぶる舎
奥州街道　歴史探訪・全宿駅ガイド　無明舎編　無明舎出版
中世の道・鎌倉街道の探索　北倉庄一　テレコム・トリビューン社
水戸道中　宿場と旅人　松戸市立博物館
伊豆・箱根の山を歩く　真辺征一郎　山と溪谷社
みえ歴史街道ウォーキングマップ　伊勢街道　三重県環境生活部文化振興課
熊野古道【名所図絵】伊勢路　東紀州地域活性化事業推進協議会
歴史の道 熊野古道をたずねて［紀州路の旅］　本宮町観光協会他編
和歌山県街道マップ　熊野古道　紀伊路　和歌山県観光連盟
西国街道　宇津木秀甫ほか　向陽書房
山陽道　行き交う人々・支える人々　太子町立歴史資料館
西国街道（山陽道）　岡山県文化財保護協会
夢街道を歩く（山陽道広島県版）　小島光治　U・エンタープライズ
伊能図で甦る古の夢　長崎街道　河島悦子　ゼンリンプリンテックス
京の古道を歩く　増田 潔　光村推古書院
京街道をゆく　三和町郷土資料館

北国街道と脇往還　長浜城歴史博物館編　サンライズ出版
「常陽藝文」陸前浜街道ウォッチング　一九八八年十二月号　常陽藝文センター
会津西街道の歴史を歩く　佐藤権司　随想舎
陸前浜街道地誌　長久保光明　暁印書館
日本の道シリーズ　九州路　毎日新聞社
近世の飢饉　菊池勇夫著　日本歴史学会編　吉川弘文館
理科年表　丸善
日本史年表・地図　児玉幸多編　吉川弘文館
地震・噴火災害全史　災害情報センター・日外アソシエーツ編　日外アソシエーツ
浄土真宗はなぜ日本でいちばん多いのか　島田裕巳　幻冬舎
広辞苑　第四版　新村出編　岩波書店
日向神話一三〇〇年の旅　池田雅之・北郷泰道編著　宮崎文庫
宮崎県ホームページ「ひむか神話街道」
歴史の道調査報告書　山陽道　山口県教育委員会
歴史の道調査報告書Ⅲ　北国街道　長野県教育委員会
歴史の道調査報告書　北国街道Ⅰ、Ⅱ、Ⅲ　新潟県教育委員会
歴史の道調査報告書　第一集　加賀街道・松本街道　新潟県教育委員会
富山県歴史の道調査報告書　北陸街道　富山県郷土史会
歴史の道調査報告書　第一集　北陸道（北国街道）石川県教育委員会
歴史の道調査報告書　第一集　北陸道Ⅰ・吉崎道　福井県教育委員会
歴史の道調査報告書　第二集　北陸道Ⅱ・丹後街道　福井県教育委員会
熊本県歴史の道調査　豊前街道　熊本県教育委員会

参考資料

熊本県歴史の道調査　薩摩街道　熊本県文化財保護協会
川越街道（歴史の道調査報告書）　埼玉県立博物館編　埼玉県教育委員会
歴史の道調査報告書第三集　山陰道　兵庫県教育委員会
鳥取県歴史の道調査報告書 第八集　山陰道　鳥取県教育委員会文化課編
島根県歴史の道調査報告書 第五集　山陰道　島根県教育委員会
石州街道（歴史の道調査報告書5）山口県教育委員会
歴史の道調査報告書 第三集　青梅街道　東京都教育委員会
山梨県歴史の道調査報告書第九集　青梅街道　山梨県教育委員会
歴史の道調査報告書 第一集　五日市街道　東京都教育委員会
「歴史の道」調査報告書　浜街道　福島県教育委員会
新潟県歴史の道調査報告書 第十集　（浜通り・出羽街道）　新潟県教育委員会
山形県歴史の道調査報告書　浜街道　山形県教育委員会
歴史の道調査報告　北国街道（酒田街道）　秋田県教育委員会
「歴史の道」調査報告書　下野街道　福島県教育委員会
「歴史の道」調査報告書　米沢街道　福島県教育委員会
山形県歴史の道調査報告書　会津街道　山形県教育委員会
山形県歴史の道調査報告書　羽州街道　山形県教育委員会
青森県「歴史の道」調査報告書　羽州街道　青森県教育委員会
徳島県歴史の道調査報告書　第一集　徳島県教育委員会
愛媛県歴史の道調査報告書　愛媛県教育委員会
徳島県歴史の道調査報告書　第四集　徳島県教育委員会
福井県歴史の道調査報告書　第2、第3集　福井県教育委員会

八尋章文（やひろ　あきふみ）
1943年　京都府生まれ
1962年　石川県立金沢泉丘高校卒業
1966年　金沢大学工学部電子工学科卒業
同年（株）金門製作所入社
開発部に従事
1970年　(株)東芝入社　府中工場電力用
計算機システム設計に従事
東北システムセンター所長を務
め1998年退職
1998年　東芝エンジニアリング（株）入社
経営変革統括責任者を務め2002年退職
2009年　昭島市環境審議会委員（～2011年）
現在に至る

東京都昭島市在住

著書
歴史街道を歩いてみよう「江戸五街道」旅日記　文芸社　2006年

旧街道紀行　歩いて学ぶ歴史と文化

2016年4月27日　第1版第1刷発行

著　者　八尋　章文
発行所　株式会社 けやき出版
〒190-0023 東京都立川市柴崎町3-9-6 高野ビル
TEL 042-525-9909　FAX 042-524-7736
http://www.keyaki-s.co.jp
D T P　ムーンライト工房
印刷所　株式会社 平河工業社

ISBN978-4-87751-557-7　C0026